La vie et la

Gestion chrétienne

Tome II

La vie et la Gestion Chrétienne (Tome II)

ISBN : 978-99970-64-77-6

Concepteur de la couverture : Obed Gerisma
Numéro de contrôle de la bibliothèque National d'Haïti : 20-09-274
Imprimé aux Etats-Unis d'Amérique

Table des matières

PRÉFACE

N ul n'est censé ignorer que Jésus-Christ a vécu dans ce monde avant de retourner au ciel vers son Père. Sans faire acception de personne, il donne la vie éternelle à tous ceux qui veulent l'avoir. En d'autre terme, par sa mort sur la croix, il met le salut à la disposition de l'humanité entière. Malheureusement, nombreux sont ceux qui ne profitent pas de la générosité du grand Maître et qui refusent d'accepter ce cadeau si précieux de manière catégorique.

De nos jours, si l'on tient compte de la qualité de membres que contiennent les Églises, on devrait croire que le sauveur devrait être déjà de retour, surtout quand l'on considère le zèle des pasteurs, évêques, anciens, diacres…, de ces assemblées. Mais, la déclaration de l'omniscient dans Matthieu 7 verset 21 (Ceux qui me disent Seigneur, Seigneur n'entreront pas tous dans le royaume des cieux.), nous laisse comprendre que beaucoup d'entre eux ne seront pas avec lui, malgré tous les miracles faits en son nom.

Compte tenu de toutes ces choses, nous parvenons à la conclusion suivante : Il ne suffit pas de se dire chrétien, mais il faut gérer sa vie pour qu'elle reflète la volonté du Christ, et ce titre « **chrétien** » nous sera parvenu sans obstacle aucun.

Peut-être êtes-vous en train de vous demander ce qu'est la gestion chrétienne ou ce qu'il vous reste à faire puisque vous prêchez bien et vous êtes fidèles dans les dîmes et les offrandes. Alors, dans le document se trouvant entre vos mains certaines de vos questions seront répondues et de nouvelles orientations pour la croissance spirituelle vous sont données.

C'est un livre utile à tous les leaders religieux, particulièrement ceux qui sont un peu traditionnels. C'est exactement le médicament que le médecin a prescrit à tous ceux qui souffrent de la maladie de « **Chrétiens sans Christ** ». C'est aussi un soulagement apporte à ceux qui sont aveuglés dans les rangs et opprimés par des faux chefs religieux.

Enfin, cet ouvrage est celui qui nous apporte le passage de « **l'évangélisation** » à la « **vivangélisation** ». Puisse le bon Dieu nous donner de la patience pour le lire entièrement et qu'il change nos vies à travers les paroles qui s'y trouvent.

Wesly EUGENE, un serviteur.

INTRODUCTION

Pour comprendre la vie d'un chrétien et savoir comment la gérer, on doit comprendre que les chrétiens sont des soldats, et qu'un soldat ne vit pas de n'importe quelle manière.

Une fois enrôlé, le soldat devrait être obéissant, il reçoit des formations et des tactiques. On lui revêtit de toutes les armes, telles que : La ceinture, la cuirasse, la chaussure, le bouclier, le casque et l'épée, afin de pouvoir tenir ferme contre les attaques de l'ennemi. Il applique toujours ce que son supérieur hiérarchique lui recommande de faire. Et sa vie vient après l'exécution de sa mission.

C'est toujours avec plaisir que le soldat embrasse sa nouvelle mission, laissant tout et tout pour aller l'exécuter (Mariage, famille, plaisir etc.). Et il n'a jamais le sentiment de regret de s'y intégrer, ni de faire le marronnage pour sa mission.

De même, nous les chrétiens, après être baptisés, nous devons être obéissants à la parole de Dieu et aux ordres donnés par les anciens, prendre des formations et des tactiques, afin de mieux faire notre travail.

C'est pour cette raison que l'apôtre Paul nous a recommandé de nous revêtir aussi de toutes les armes de Dieu en disant : « Ayez à vos reins la vérité pour ceinture, la justice comme cuirasse, le zèle de l'évangile de paix pour chaussure, la foi comme bouclier, le salut de Jésus comme casque et la parole de Dieu comme épée, afin que nous puissions tenir ferme contre les ruses du diable » (Ep 6.11-17).

Je vais vous montrer ce qui distingue l'armée terrestre de l'armée de Dieu. Considérons le film trois cents (300) : Le roi et ses 300 soldats, se sont engagés dans une bataille pour la liberté des citoyens Spartiates. Ils sont pris au piège. Le roi et ses soldats sont atteints de flèches. Il y a eu auprès du roi un soldat avant de mourir qui lui disait : « Je suis fier de mourir auprès de vous mon roi ».

Ce qui est triste, le roi aussi alla rendre l'âme, il ne fait que regarder son soldat. Ils sont morts pour la liberté, et n'ont aucun espoir de gouter le bonheur de cette liberté après ce jour. Car un chien vivant vaut plus qu'un lion mort (Ec 9.4). Mais pour les chrétiens, c'est différent.

Ainsi, si les gens qui se disent chrétiens étaient fiers d'être enrôlés dans l'évangélisation, et s'ils étaient prêts à mourir à cause de la prédication de la parole de Dieu, sans nul doute, vous n'auriez pas le temps de finir de lire ce livre, car Jésus serait déjà de retour. Hélas ! Nous avons des gens qui veulent porter ce nom, et rien que cela (Es 4.1).

Ce qui est intéressant, c'est que le soldat est mort avec le roi et cela reste là. Cependant nous les chrétiens ; si nous mourrons avec notre Roi, Jésus, nous ressusciterons avec lui (2Ti 2.11).

De ce fait, la vie d'un chrétien ne s'arrête pas avec la mort. Les chrétiens ne donnent pas leurs vies pour permettre aux autres chrétiens vivants seulement d'accéder à la vie éternelle, mais, à tous ceux qui ont choisi de suivre Jésus le Roi des rois.

Ainsi, si les rois de la terre n'ont pas pu vivre éternellement, et donner de l'espérance de la vie éternelle à leurs soldats, nous les chrétiens, en tant que soldats, notre Roi, Jésus vit éternellement et promet la vie éternelle à tous les soldats qui restent attachés à lui (Jn 6.47).

De ce fait, je n'ai pas peur de perdre ma vie, ma mère, mon père, ma femme, mes enfants, mes amis ainsi que vous qui êtes en train de lire ce livre. Mais j'ai peur de perdre ma vie, de perdre mes parents et ma famille, de perdre mes amis et de vous perdre sans que nous n'appartenions pas à Jésus-Christ.

Le psalmiste David eut à dire : Quand je marche dans la vallée de l'ombre de la mort, je ne crains aucun mal, car tu es toujours avec moi, ta houlette et ton bâton me rassure (Ps 23.4).

C'est pourquoi le livre « **la vie et la gestion chrétienne** » a une grande importance dans la vie d'un chrétien parce qu'il vous aide à comprendre mieux quelques détails et à bien gérer votre vie en tant que chrétien (soldat).

Je veux que vous sachiez que, le jour ou le Saint-Esprit quittera la terre, si vous êtes en train de faire de la médisance, vous continuerez à faire la médisance jusqu'au retour de Jésus, si vous êtes en train de voler, vous continuerez à voler jusqu'à ce que Jésus revienne, si vous êtes en train de prier, de louer Dieu, vous continuerez à prier et à louer Dieu (Ap 22.11).

De ce fait, vous devez connaître comment gérer et vivre votre vie afin que les déchets, les mauvaises mœurs, les traditions des hommes n'aient le pouvoir de vous retenir lors de l'avènement du Fils de l'homme, Jésus-Christ le juste. Car il y a des gens bien intentionnés qui tordent le sens de la parole de Dieu pour vous écarter du vrai chemin de Jésus (2Pi 3.16).

À l'instar du geôlier qui ne savait pas ce qu'il devait faire pour être sauvé (Ac 16.30), aujourd'hui encore, on a beaucoup de gens qui ne le savent pas.

De ce fait, ce livre va vous permettre de voir comment vous devez vivre pour hériter la vie éternelle. Car vivre est une chose et bien gérer sa vie en est une autre.

La vie et la Gestion Chrétienne (Tome II)

1

LES ATTRIBUTIONS DE DIEU

On a l'habitude de dire que l'homme est de nature pécheresse héritée de nos grands-parents après le péché. Mais on a souvent ignoré que l'homme a été fait pour adorer Dieu, comme la nourriture a été faite pour être consommée. C'est-ce qui a permis à l'homme, après avoir perdu la présence de Dieu, d'errer dans le monde, sans lui.

À partir de ce moment, l'homme s'est mis à rechercher un être pour adorer. C'est la raison pour laquelle tout ce que l'homme n'arrive pas à comprendre, il voulait le prendre pour son dieu.

La preuve en est bien grande, si vous jetez un coup d'œil sur tous les cinq (5) continents, vous verrez que les peuples de la terre ont leurs propres dieux. Au sein de chaque continent, on retrouve plusieurs pays, et ses pays ont des dieux différents.

Et ce qui est pire, c'est que même au sein d'un pays, on retrouve plusieurs dieux, et chaque ville en a un ou plusieurs. De ce fait, l'homme pour se sentir à l'aise, a besoin d'un être pour adorer.

Ayant perdu la présence du vrai Dieu, les humains commençaient à inventer des dieux qui n'ont pas rapport avec le Créateur. En d'autres termes, de faux dieux : (le soleil, la lune, les étoiles, les arbres, les statuettes). Heureusement, notre Dieu est un Dieu d'amour, malgré nos égarements, il s'est fait reconnaître à nous, parce qu'il nous aime d'un amour infini (Je 31.3). Il a envoyé des prophètes pour servir de médiateur entre lui et son peuple.

Maintenant Dieu nous a donné la **Bible** afin de pouvoir marcher selon sa voie. Et c'est-ce livre qui peut nous donner une idée claire et nette sur Dieu lui-même.

La Bible et l'univers nous donnent une idée fondamentale sur Dieu. Ce sont là, deux témoins majeurs qui confirment l'existence de Dieu.

La Bible révèle qu'il est esprit. Oui il est esprit par nature et rien ne peut limiter son action et ses interventions (Jn 4.24). Réjouissez-vous aujourd'hui de savoir que Dieu est omniscient, cela revient à dire, il a toute la sagesse et toute l'intelligence ; ce Dieu est omniprésent également. Rien ne lui échappe. Il est au courant de tout. Il est aussi omnipotent, il a toute la puissance, toutes les capacités se trouvent en lui seul, il ne manque de rien, il ne présente aucune faiblesse (He 4.13). Rien ne l'ébranle ni le fait chavirer. Il fait tout ce qu'il veut, et avec qui il veut (Ro 9.18). Ainsi donc, rien n'étonne, ne surprend, ne dépasse ce Dieu. Pour cela, nous devons attribuer à ce Dieu les titres de : Créateur, Gestionnaire, Agronome, Médecin, Avocat, Juge et Sauveur.

1.1. Un Dieu créateur

Nous savons que les civilisations anciennes (les Hittites, les Mèdes et Perses, les peuples de la Mésopotamie, les Chaldéens et les Assyriens, les Égyptiens) ne pouvaient pas compter sur la science pour expliquer les mystères de l'origine de cet univers.

Ces peuples ont eu recours à leurs imaginations. Voilà pourquoi sont nés de très beaux récits qui décrivent d'une façon familière et imagée le commencement de ce monde.

Beaucoup de ces récits ont traversé les siècles pour parvenir jusqu'à nous aujourd'hui, et il y a des questions et des perplexités qui traversent aussi des siècles, comme : D'où vient le monde ? Quoi de mystérieux est à l'origine de la création du monde ? Qui ou quel phénomène a bien pu mener à la création du monde ? Pourquoi sommes-nous là ? Pourquoi tous ces phénomènes naturels tels que : Les orages, les marées, les tempêtes de neige, le tremblement de terre etc... ?

Serait-ce du hasard comme personne ne sait exactement comment s'est formé notre univers ? La plupart des hommes de sciences croient que tout a commencé, il y a environ 15 milliards d'années par une gigantesque explosion, phénomène baptisé : Le Bing Bang. On dit que cette explosion a projeté dans toutes les directions la matière dont se composent aujourd'hui les galaxies, les étoiles et les planètes.

Voilà un peu plus de 4.5 milliards d'années, est apparu un nuage. Il contenait une quantité phénoménal d'hydrogène, mais aussi des éléments plus lourds comme du fer et du carbone. Une très vieille étoile, avant de disparaître, avait fabriqué ces éléments.

Oh ! Quelle fabuleuse histoire, le nuage avant de se condenser, s'est mis à billonner, et a pris la forme d'un disque. L'hydrogène concentre surtout dans la région centrale de ce disque, s'est mis en boule et s'est enflammé ; ainsi, le soleil venait de naître.

L'histoire se poursuit, les poussières constituées par des éléments plus lourds et situés à la périphérie du disque se sont agglomérés pour former des boules de plus en plus grosses. C'est ainsi que sont apparus les planètes et les satellites du système solaire.

Chères lectrices et chers lecteurs, attachez vos ceintures. Nous allons enclencher une vitesse vertigineuse, un peu avant d'atteindre sa taille actuelle, la terre est devenue si chaude qu'elle s'est fondue. Une partie des éléments les plus lourds, comme le fer et le nickel se sont alors enfoncés au centre de la planète, dont ils forment aujourd'hui le noyau. Les plus légers, comme le silicium, le magnésium et l'aluminium sont montés à la surface. Lorsque la surface de la terre a commencé à se refroidir, l'écorce terrestre s'est formée.

Le hasard se poursuit, les continents flottent sur le manteau, lesquels sont composés de magma en fusion, de consistance visqueuse.

Maintenant nous allons traverser une zone de turbulence, attachez-vous solidement. On pose cette question, comment est apparue la vie ?

Les biochimistes ne le savaient pas exactement. Mais, ils s'accordent pour dire qu'il existait dans l'atmosphère ancienne et dans l'eau des premiers océans des molécules organiques qui ressemblaient étrangement à celles qui composent aujourd'hui les organismes vivants. Il est probable que ces substances ait fini par s'assembler pour former les premiers êtres vivants de la planète.

En effet dans la première moitié du siècle dernier, des naturalistes très connus à travers le monde comme le français Jean Baptiste Lamarck ainsi que le britannique Charles Darwin, ont étudié les fossiles. Ils ont comparé certains caractères des espèces vivants actuelles aux caractères d'espèces aujourd'hui disparues, qu'ils ont pu observer à partir de spécimens fossilisés.

Alors, cette étude méticuleuse les a conduits à établir la « **THÉORIE DE L'ÉVOLUTION DES ESPÈCES** ». Cette théorie montre que les êtres qui vivent aujourd'hui descendent d'espèces plus anciennes, dont certaines ont déjà disparus. Et les humains ne font pas exception à cette règle.

L'homme cherche toujours son identité, son origine, voilà pourquoi il y a plusieurs hypothèses l'homme homo sapiens (le nom de notre espèce), ou homo erectus (une espèce apparue en Afrique), ou encore homo-ergastes. Enfin une querelle de spécialistes ! Non seulement rien n'est certain à propos de nos ancêtres, mais voilà que les paléontologues et les généticiens se chamaillent pour savoir de quelle manière nous descendons de ces lointains parents.

Les paléontologues croient en effet que les humains modernes ont évolué à partir des populations qui habitaient un peu partout dans le monde.

Les généticiens, pour leur part, ont comparé l'ADN de certaines de milliers de personnes appartenant à toutes les races qui vivent aujourd'hui sur tous les continents. Cette étude les porte à croire que tous les habitants actuels de la planète descendraient d'une même aïeule (grand-père) surnommé Ève qui aurait vécu en Afrique.

La Bible et le Coran sont le fondement traditionnel islamique et judéo chrétien concernant nos origines. Ces livres mentionnent un Créateur au-delà de l'espace et le temps, un être tout puissant au-dessus des lois naturelles qui registrent notre univers physique, ils enseignent que ce Dieu créateur exerça sa puissance surnaturelle et créa toutes choses selon son divin projet.

Le Coran, livre saint de l'islam, présente la même vision fondamentale de la création « votre seigneur, c'est Allah, qui créa les cieux et la terre en six jours, puis s'est assis sur le trône. Il couvre la nuit avec le jour, qui a son tour la poursuit rapidement. Il créa le soleil ; la lune et les étoiles, sont soumises à son commandement. La création et le commandement n'appartiennent qu'à lui. Béni soit Allah. Seigneur de l'univers ! » Of le Coran chapitre 7-Al-A nif. Verset 54.

Voici ce que la Bible rapporte au sujet de la création :

- Au commencement Dieu créa les cieux et la terre (Ge 1.1).

- Les cieux racontent la gloire de Dieu, et l'étendue manifeste l'œuvre de ses mains (Ps 19.2).

- Les cieux ont été faits par la parole de l'Éternel, et toute leur armée par le souffle de sa bouche (Ps 33.6). Car il a dit, et la chose arrive ; il ordonne et elle existe (Ps 33.9).

- Tu as anciennement fondé la terre, et les cieux sont l'ouvrage de tes mains (Ps 102.26).

- Les cieux sont les cieux de l'Éternel, mais il a donné la terre aux fils de l'homme (Ps 115.16).

- Dieu, dans ces derniers temps, nous a parlé par le Fils qu'il a établi héritier de toutes choses, par lequel il a aussi créé le monde (He 1,2).

- Chaque maison est construite par quelqu'un, mais celui qui a construit toutes choses, c'est Dieu (He 3.4).

Dieu est le concepteur de toutes choses qui existent : Dieu vit tout ce qu'il avait fait ; et voici, cela était très bon. Ainsi, il y eut un soir et un matin ce fut le sixième jour (Ge 1.31).

Sans nul doute vous allez dire : Comment savons-nous que c'est Dieu qui a fait toutes ces choses ?

Je vais vous dire une chose : C'est par la foi que nous reconnaissons que le monde a été formé par la parole de Dieu, en sorte que ce qu'on voit n'a pas été fait de choses visibles (He 11.3).

Et sur quoi est basée notre foi ? Notre foi est basée sur la parole de Dieu qui se trouve dans la Bible. Car il est dit : « Toute Écriture est inspirée de Dieu, et utile pour enseigner, pour convaincre, pour corriger, pour instruire dans la justice, afin que l'homme de Dieu soit accompli et propre à toute bonne œuvre » (2Ti 3.16,17).

1.2. Un Gestionnaire

Pour voir si Dieu est un gestionnaire, voyons les qualités d'un bon gestionnaire qui doit :

1- <u>Avoir une vision et la communiquer</u>. Car il est futile d'avoir une vision si cette dernière n'est pas communiquée clairement.

2- <u>Être autonome et responsable</u>. Il doit être autonome dans sa prise de décision et prendre la responsabilité de ses actions, bonnes ou mauvaises.

3- <u>Savoir diriger</u>. Il doit garder l'œil sur le but à atteindre, de donner une direction, de trancher, de faire front aux obstacles, de gérer ses émotions, d'être un modèle pour les autres.

NB : Il n'y a rien de plus dommageable pour une équipe qu'un capitaine sans direction, qui ne tranche pas, qui refuse de regarder la réalité en face, qui ne fait pas face à la critique avec courage ou qui refuse de prendre la responsabilité de ses actes.

4- <u>Prendre de bonnes décisions au bon moment</u>. Il doit prendre la bonne décision au bon moment. Car prendre la meilleure décision trop tard c'est tout comme prendre une mauvaise décision.

5- <u>Faire preuve de courage managérial</u>. Il doit faire face aux problèmes, de dire les vraies choses, de prendre les décisions difficiles et d'être responsable de ses décisions.

6- <u>Faire preuve de leader et inspirer les autres</u>. Il doit être en mesure de prendre les commandes et d'avoir de la vision, de mobiliser, motiver et obtenir la collaboration d'un groupe vers l'atteinte des objectifs visés.

7- <u>Avoir de bonnes ressources intellectuelles</u>. Il doit toujours vouloir évoluer, apprendre et s'améliorer. Plus ses ressources intellectuelles seront élevées, plus sa capacité d'apprentissage sera rapide.

8- <u>Avoir le bon sens en tout</u>. C'est de repérer, de comprendre et de prendre en considération les enjeux propres à un milieu organisationnel.

9- <u>Faire preuve d'empathie</u>. Il doit être en mesure de connaître les autres, de comprendre leurs sentiments, de percevoir leurs points de vue, d'éprouver un intérêt sincère pour leurs préoccupations et d'être ainsi capable d'entretenir des **rapports harmonieux** avec une grande variété d'individus.

10- <u>Faire preuve d'humilité et de vulnérabilité</u>. Il doit savoir reconnaître sans détour ses erreurs et lacunes, de ne pas se prendre pour superman, de prendre soin de mettre autrui à l'aise, d'encourager et de respecter les points de vue différents, de savoir miser sur les forces de chacun et de s'entourer de gens bien souvent meilleurs que lui.

11- <u>Faire preuve d'intelligence émotionnelle</u>. Il doit être en mesure de générer, de reconnaître, d'exprimer, de comprendre et d'évaluer ses propres émotions et celles des autres de manière à orienter ses pensées et ses actions pour affronter les exigences et pressions de l'environnement.

12- <u>Savoir bien s'entourer</u>. Il doit savoir bien juger les autres et savoir constituer des équipes performantes. La recette d'une équipe performante : Connaître ses besoins et être réaliste ; savoir miser sur les forces de chacun et les optimiser ; miser sur la diversité et la complémentarité.

13- <u>Être orienté vers l'action et les solutions</u>. Il ne peut pas simplement constater les choses ; il doit prendre action avec son équipe.

14- <u>Savoir déléguer et faire confiance aux autres</u>. Il faut savoir faire confiance à ses collaborateurs, partager la responsabilité et le crédit.

15- <u>Être positif, enthousiaste et cultiver le plaisir de travailler en équipe</u>. Il ne doit pas être négatif, il doit cultiver le bonheur au travail, l'enthousiasme et le plaisir de travailler en équipe.

Si ces points sont les qualités d'un bon gestionnaire. Maintenant, on va voir si Dieu n'a pas ces qualités.

1- Dieu a une vision de créer l'homme, il en parle avec Jésus et le Saint-Esprit (Ge 1).

2- Dieu après avoir fini de créer les cieux et la terre, il a donné à l'homme le pouvoir de cultiver la terre et de la garder (Ge 2.15).

3- Dieu a voulu que l'homme vive éternellement, après avoir tout créé, il a donné la loi de l'univers à l'homme (Ge 2.16,17).

4- Après la désobéissance de l'homme. Dieu s'est mis à rechercher l'homme pour lui donner le plan de la rédemption (Ge 3).

5- Pour ne pas laisser l'homme dans la misère éternelle après avoir désobéi, Dieu dit : Empêchons-le maintenant d'avancer sa main, de prendre de l'arbre de vie, d'en manger, et de vivre éternellement. Tout en chassant l'homme du jardin et en sécurisant le chemin de l'arbre de vie (Ge 3.22-24).

6- Pour atteindre son but après le péché de l'homme. Dieu a mis une séparation entre l'homme et l'ennemi (Ge 3.15).

7- Nulle créature n'est cachée devant lui, mais tout est à nu et à découvert aux yeux de Dieu à qui nous devons rendre compte (He 4.13).

8- Après quatre cents ans que le peuple de Dieu a passé en Égypte. Dieu s'est dit : Peut-être ont-ils oublié mes lois. Je vais les leur donner par écrit (Ex 20.1-17).

9- Les péchés de Sodome et de Gomorrhe étaient énormes devant Dieu. Il dit : Cacherai-je ce que je vais faire à Abraham. Et Abraham a discuté pendant longtemps avec Dieu sur la destruction (Ge 18.17-33).

10- Dieu est la vérité et l'odeur même du courage. Il n'a jamais fait d'erreurs même s'il a dû se repentir d'avoir fait l'homme sur la terre. Car Noé a trouvé grâce à ses yeux (Ge 6.6-8).

11- Quand nous comptons sur Dieu, il est toujours-là pour nous délivrer. Les trois jeunes hébreux dans la fournaise (Da 3.17).

12- Le prophète Élie voulant faire chanter Dieu, dit : J'ai déployé mon zèle pour toi. À Dieu de répondre à

Élie : J'ai sept mille autres serviteurs qui n'ont point fléchi les genoux devant baal (1R 19.10-18).

13- Après avoir donné le plan de la rédemption, Dieu est passé à l'action en envoyant son Fils Jésus mourir sur le bois du calvaire pour nous donner la vie éternelle (Jn 3.16).

14- Dieu n'a pas voulu que nous soyons des parasites dans son champ, il nous a recommandé d'aller et chercher ceux qui sont perdus (Mt 28. 19,20).

15- Malgré notre état, il nous aime d'un amour infini. Il veut toujours et toujours travailler avec nous (Mt 28.20).

Ce qui est intéressant, nous, en tant que gestionnaire, avons des limites. Car nous pouvons planifier, organiser, contrôler, diriger et même avoir un plan B, dans le cas où, comme Dieu l'a fait.

Tout cela, ne peut pas nous empêcher d'échouer. Il y a toujours des éléments qui ne sont pas à la disposition de l'homme. Mais Dieu, il n'échoue jamais. Parce qu'il contrôle tout et tous dans ce monde. Car les cieux et la terre sont l'ouvrage de ses mains (Ps 102.26).

C'est pourquoi l'apôtre Paul nous dit : La folie de Dieu est plus sage que les hommes, et la faiblesse de Dieu est plus forte que les hommes (1Co 1.25).

1.3. Un agronome

L'agronomie est la science visant à comprendre et à améliorer les mécanismes de l'agriculture, alors que l'agriculture est la pratique de l'activité agricole.

Un agronome est celui qui met en œuvre les sciences et les techniques de l'agronomie.

Un agronome est un chercheur ou un ingénieur. Il trouve les variétés de céréales les mieux adaptés à un sol. Il trouve des remèdes aux maladies des arbres fruitiers. Il étudie les échanges gazeux de la fermentation du cacao…

Un agronome a pour fonction d'apporter aides et conseils aux agriculteurs. Son travail permet le développement de l'agriculture et de l'élevage. C'est-à-dire, une manière de prendre soin de la terre et de veiller à l'environnement.

Un agronome a comme qualités : Dynamisme, mobilité, sens du contact, intérêt pour le monde économique et social et esprit pratique.

Voyons si Dieu a rempli tous ces qualificatifs :

Après que L'Éternel Dieu planta un jardin en Éden, du côté de l'orient, et il y mit l'homme qu'il avait formé. L'Éternel Dieu fit pousser du sol des arbres de toutes espèces agréables à voir et bons à manger, et l'arbre de la vie au milieu du jardin, et l'arbre de la connaissance du bien et du mal (Ge 2.8,9).

Dieu fit sortir un fleuve d'Éden pour arroser le jardin, et de là, il le divisait en quatre (Ge 2.10).

Dieu prit l'homme, et le plaça dans le jardin d'Éden pour le cultiver et pour le garder (Ge 2.15). Il nous aide, afin de vivre bien.

Dieu a donné les principes du jardin, ou les conseils que l'homme devrait suivre pour bien vivre sur la terre, en disant : « Tu pourras manger de tous les arbres du jardin ; mais tu ne mangeras pas de l'arbre de la connaissance du bien et du mal, car le jour où tu en mangeras, tu mourras » (Ge 2.16,17).

Ce qui est intéressant avec Dieu en tant qu'agronome, c'est celui qui a créé la terre et tout ce qu'elle contient (Ps 24.1). Dieu couvre les cieux de nuages, il prépare la pluie pour la terre ; il arrose les montagnes, il fait germer l'herbe pour le bétail, et les plantes pour les besoins de l'homme, afin que la terre produise de la nourriture (Ps 147.8; 104.13,14). Cependant, l'homme ne peut pas créer la terre, ne peut pas créer les arbres, il peut seulement aider ces derniers à grandir et à porter du fruit.

1.4. Un Médecin

La médecine est la science et la pratique qui étudie l'organisme du corps humain, son fonctionnement normal, et cherchant à préserver la santé par la prévention et le traitement des pathologies.

Le médecin est un professionnel de la santé, titulaire d'un diplôme en médecine lequel lui permet de recevoir des patients, de diagnostiquer leur pathologie pour la traiter. Il travaille généralement avec une équipe composée de plusieurs professionnels de santé.

Le médecin a pour rôle :

1- Prestataire de soins : Il Considère le patient dans sa globalité ; en assurant la continuité des soins et la qualité des soins.

2- Communicateur : Il est un technicien d'entretien ; il sensibilise le patient et son partenaire de soins.

3- Gestionnaire : Il a une compétence en management ; il travaille en équipe interdisciplinaire ; il échange les informations dans la prise en charge sociale.

4- Leader communautaire : Il agit sur les déterminants physiques et sociaux de la santé et s'intéresse à la santé de la communauté.

5- Décideur : Il participe à la prise de décision ; au sein de la société.

Le médecin doit aider le patient à s'impliquer dans la gestion de sa santé. Il doit avoir des compétences spécifiques.

Le médecin a pour tâche d'assurer : La consultation médicale, la prescription de médicaments ou de traitement, la radiothérapie, la pratique des accouchements, l'établissement d'un diagnostic, le traitement des maladies, etc.

Considérons la chirurgie qui est l'une des branches de la médecine. Un chirurgien, son métier consiste à pratiquer des interventions chirurgicales sur des personnes victimes de fractures, de tumeurs ou de malformations, effectue des transplantations...

Le chirurgien sauve des vies, il a de lourdes responsabilités lors des interventions : La vie des patients est en jeu. De ce fait, le métier du chirurgien demande d'avoir une certaine maîtrise de soi et une excellente compétence de la médecine et du corps humain.

Au bloc opératoire, il doit faire preuve de minutie, d'habilité, de précision et de concentration. Le chirurgien doit avoir le sens du travail en équipe, et il doit avoir confiance en son équipe. Car c'est un métier de contact.

Après l'intervention, il continue de suivre son patient et veille à son rétablissement.

Dans le temps, à chaque fois qu'une personne devrait subir une intervention chirurgicale, les médecins avaient du mal à le faire, parce qu'ils n'ont pas eu le temps de porter attention sur le plus grand chirurgien.

Dès fois, les patients ont tellement souffert, parce qu'ils n'ont pas pu supporter les douleurs pendant l'intervention. Il y a des gens qui succombaient à cause de la douleur.

Pour que l'homme soit venu à l'existence, écoutons ce que Dieu a dit : Faisons l'homme à notre image, selon notre ressemblance. Il le créa à l'image de Dieu, il créa l'homme et la femme (Ge 1.26,27). C'est-à-dire au moment où Dieu voulait créer l'homme ; la trinité a été présente dans la salle.

Regardons ce que Dieu a fait en tant que médecin chirurgien : Après que l'homme ait fini de donner des noms à tous le bétail, aux oiseaux du ciel et à tous les animaux des champs, il ne trouva point d'aide semblable à lui. De ce fait, Dieu fit tomber l'homme dans un profond sommeil, il s'endormit ; Dieu prit une de ses côtes, et referma la chair à sa place (Ge 2.20,21). La première opération a été faite dans le jardin d'Éden, par Dieu lui-même.

Dieu guérit ceux qui ont le cœur brisé, et il panse leurs blessures (Ps 147.3). Il nous a donné la prescription pour vivre éternellement : Tu pourras manger de tous les arbres du jardin ; mais tu ne mangeras pas de l'arbre de la connaissance du bien et du mal, car le jour où tu en mangeras, tu mourras (Ge 2.16,17).

1.5. Un Avocat

En droit, l'avocat est un juriste dont les fonctions traditionnelles sont de conseiller, de représenter, d'assister et de défendre ses clients.

On distingue trois catégories d'avocats en général :

1- Les avocats d'affaires, dont les clients sont des hommes ou femmes d'affaires.

2- Les avocats pénalistes, qui défendent notamment les auteurs présumés de crimes ou délits.

3- Les avocats des affaires civiles, qui s'occupent des divorces, successions, etc.

Cependant la plupart des jeunes avocats touchent un peu à tout et plaident aussi bien pour les particuliers que pour les sociétés.

La principale mission d'un avocat est de défendre les personnes et les entreprises engagées dans un procès. Il joue aussi un rôle de conseiller pour régler les conflits avants qu'ils ne soient portés sur la scène judiciaire.

Ce qui est intéressant, tout le monde a le droit d'être défendu, coupable ou innocent. C'est-ce qui explique la présence de l'avocat au tribunal. Accidents, litiges avec le voisin, vols, crimes : Autant d'affaires qu'il peut suivre.

Avant d'aller au tribunal, l'avocat s'entretien avec ses clients dans son cabinet. Où il constitue un dossier composé de comptes rendus, d'expertises, de témoignages, etc.

Le temps fort pour l'avocat ; c'est la plaidoirie. Elle doit être préparée avec soin, car une argumentation pertinente est indispensable pour convaincre les juges et les jurés aux assises. En outre, des talents d'orateur font souvent pencher la balance.

Voyons ! Est-ce que Dieu est un avocat ? Quand nous lisons le livre de l'apôtre Jean, nous trouvons ceci : Mes petits-enfants, je vous écris ces choses, afin que vous ne péchiez point. Et si quelqu'un a péché, nous avons un avocat auprès du Père, Jésus-Christ le juste (1Jn 2.1).

Pour bénéficier de l'aide de cet avocat pleinement, nous devons lui confesser tous nos péchés, en agissant ainsi, il est fidèle et juste pour nous représenter devant le Père (1Jn 1.9).

Car il y a un seul Dieu, et aussi un seul médiateur entre Dieu et les hommes, Jésus-Christ homme (1Ti 2.5). C'est lui qui intercède en notre faveur (He 7.25).

Qu'est-ce qui arrive si nous mentons à celui qui devait nous représenter en jugement ? Qu'est-ce qui arrive si nous laissons un péché sans le confesser devant Dieu ? L'accusateur ou l'ennemi de nos âmes aura raison sur nous, tout en présentant la liste de nos péchés. Comme il a fait contre Moïse (Jud 1.9).

C'est pourquoi David eut à dire : « Je t'ai fait connaître mon péché, je n'ai pas caché mon iniquité ; j'ai dit : J'avouerai mes transgressions à l'Éternel ! Et tu as effacé la peine de mon péché » (Ps 32.5). Approchez-vous de Dieu, il s'approchera de vous. Nettoyez vos mains, pécheurs ; purifiez vos cœurs, hommes irrésolus (Ja 4.8).

De ce fait, Dieu, en sa qualité d'avocat, est toujours-là pour nous conseiller (Es 9.5), nous écouter (Mt 11.28) et nous défendre (1Pi 3.15), afin que nous puissions être délivrés des pièges du malin (Ps 91.3). À la seule différence, nous devons donner à Jésus nos dossiers avant que nous soyons enfermés dans la prison de la première mort.

Car, si donc le Fils en tant qu'avocat nous affranchit, nous serons réellement libres (Jn 8.36). Puisque le Fils est le Dieu véritable, et la vie éternelle (1Jn 5.20).

1.6. Un Juge

Le juge est la personne investie de la fonction de dire le mot du droit à l'occasion des litiges qui lui sont soumis. La mission du juge réside dans son activité **de décision juridictionnelle**, ce qui signifie que par sa décision prise à l'issue d'un procès, le juge dit officiellement ce que dit la loi.

Les décisions juridictionnelles sont d'ailleurs dotées de l'autorité de la chose jugée, ce qui veut dire qu'elles ne peuvent être contestées en dehors des voies de recours prévues par la loi.

Formellement, cette activité proprement juridictionnelle se traduit par la rédaction de décisions qui prennent le nom **d'ordonnances, de jugements ou d'arrêts** selon qu'elles sont rendues respectivement par un juge unique, un tribunal, ou une cour.

Les effets attachés aux décisions juridictionnelles sont particulièrement importants, puisque la décision clôt définitivement le litige et qu'elle peut être appliquée avec le concours de la force publique.

Le juge exerce ainsi, dans son activité de décision, l'acte qui constitue le cœur du pouvoir judiciaire : Dire officiellement ce qu'est le droit et le faire appliquer, y compris par le recours légitime à la force.

Le juge joue de nombreux rôles. Il interprète la loi, il évalue la preuve dont il est saisi et contrôle le déroulement de l'audience (instructions et procès). Il est d'abord et avant tout un décideur impartial à la recherche de la justice.

Le juge est l'arbitre des faits en litige et décide si la preuve est crédible et si les témoins disent la vérité. Il applique, ensuite, le droit aux faits en question, afin de décider si une réclamation civile est établie selon la prépondérance des probabilités ou, en matière criminelle, si la culpabilité de l'accusé est prouvée hors de tout doute raisonnable.

Voyons ce que Dieu a fait après que nos grands-parents ait fini de violer la loi qu'il a établie avec eux :

1- Phase d'interrogatoire

Dieu dit : Où es-tu ?

L'homme répond : J'ai entendu ta voix, j'ai eu peur, parce que je suis nu, et je me suis caché (Ge 3.9,10).

Dieu dit : Qui t'as appris que tu es nu ? Est-ce que tu as mangé de l'arbre dont je t'avais défendu de manger ?

L'homme répondit : La femme m'a donné de l'arbre, et j'en ai mangé (Ge 3.11,12).

Dieu dit à la femme : Pourquoi as-tu fait cela ?

La femme répondit : Le serpent m'a séduite et j'en ai mangé (Ge 3.13).

2- Phase de sentence

Dieu dit au serpent : Puisque tu as fait cela, tu seras maudit entre tout le bétail, tu marcheras sur ton ventre, et tu mangeras de la poussière tous les jours de ta vie (Ge 3.14).

Dieu dit à la femme : J'augmenterai la souffrance de tes grossesses, tu enfanteras avec douleur, et tes désirs se porteront vers ton mari, mais il dominera sur toi (Ge 3.16).

Dieu dit à l'homme : Le sol sera maudit à cause de toi, c'est à force de peine que tu en tireras ta nourriture tous les jours de ta vie, jusqu'à ce que tu retournes dans la terre (Ge 3.17-19)

Ce qui est intéressant avec ce juge, c'est qu'il est juste dans sa sentence. Il ne prononce jamais en faveur du coupable aux dépens de juste (Ex 34.7). Car la justice du juste sera sur lui, et la méchanceté du méchant sera sur lui (Ez 18.20). Il est vraiment impartial. Car il a donné des lois et il ne violera point (Ps 148.6).

De ce fait, les jugements de l'Éternel sont vrais, ils sont tous justes (Ps 19.10). C'est pourquoi le prophète Ésaïe a bien dit : Dieu est notre juge, notre législateur… (Es 33.22). Et très bientôt, l'Éternel viendra pour juger la terre ; Il jugera le monde avec justice et avec équité (Ps 98.9).

1.7. Un Sauveur

Un sauveur c'est un homme ou une femme, dont les actions ou le comportement permettent de résoudre une difficulté ou une situation compliquée et qui apparait aux yeux d'autres personnes comme élément déclencheur de la résolution du problème.

À Dieu seul, notre sauver, par Jésus-Christ notre Seigneur, soient gloire majesté, force et puissance, dès avant tous les temps, et maintenant, et dans tous les siècles ! Amen ! (Jud 1. 25).

Comment Dieu nous a-t-il sauvés ? Après que nos grands-parents aient fini de pécher, nous étions condamnés à mourir éternellement (Ge 2.17). Dieu a trouvé bon d'envoyer son Fils unique, Jésus-Christ, dans le monde, pour payer nos rançons, afin que nous ayons la vie éternelle (Jn 3.16).

Si Dieu nous a sauvés, pourquoi y a-t-il des gens qui vont périr ? Pour que les gens soient sauvés, ils doivent croire en Jésus-Christ (Jn 3.17). Car c'est lui qui est le chemin la vérité et la vie. Nul ne peut accéder au royaume de Dieu sans passer par lui (Jn 14.6). Il suffit de croire en lui et nous serons sauvés (Ac 16.31).

Car cela est bon et agréable devant Dieu notre sauveur qui veut que tous les hommes soient sauvés et parviennent à la connaissance de la vérité (1Ti 2.3,4).

C'est pourquoi, après que le prophète Ésaïe ait fini de nous dire que Dieu est notre juge, notre législateur, notre Roi, il ajoute : Que c'est Dieu qui nous sauve (Es 33.22).

Dieu a sauvé Noé et sa famille lors du déluge (Ge 7.23).

Dieu a sauvé Lot et sa famille excepté sa femme qui a désobéi en regardant en arrière lors de la destruction de Sodome et de Gomorrhe (Ge 19.16-26).

Dieu a sauvé le peuple hébreu face à pharaon devant la mer rouge (Ex 14.21-31).

Dieu a sauvé David face à Goliath (1S 17.50,51).

Dieu a sauvé Schadrac, Meschac et Abed-Nego dans la fournaise ardente (Da 3.21-26).

Dieu a sauvé Daniel dans la fosse aux lions (Da 6.16-23).

Dieu peut vous sauver face à la mort éternelle, il suffit d'accepter Jésus et vous aurez la vie éternelle (Jn 3.16).

Conclusion

Nous devons nous efforcer de nous présenter devant Dieu comme un homme éprouvé, un ouvrier qui n'a point à rougir, qui dispense droitement la parole de la vérité (2Ti 2.15).

Cette parole est certaine : Si nous sommes morts avec lui, nous vivrons aussi avec lui ; si nous persévérons, nous règnerons aussi avec lui ; si nous le renions, lui aussi nous reniera ; si nous sommes infidèles, il demeure fidèle, car il ne peut se renier lui-même (2Ti 2.11-13).

Le solide fondement de Dieu reste debout avec ces paroles qui lui servent de sceau : Le Seigneur connait ceux qui lui appartiennent (2Ti 2.19).

De nos jours, il y a des gens qui veulent suivre Dieu à cause des miracles et laissent de côté la parole de Dieu. Même si les miracles nous émerveillent, ils ne remplaceront jamais la nourriture de la parole de Dieu.

Apprenons à connaître Dieu par le moyen de sa parole qui se trouve dans la **Sainte Bible**, car tout ce qui a été écrit d'avance l'a été pour notre instruction (Ro 15.4). Nous devons lire, relire, et méditer la parole de Dieu nuit et jour, afin que nous puissions marcher selon la volonté de Dieu, notre Créateur (Jos 1.8).

Si seulement les gens qui se disent chrétiens avaient une idée de Dieu et sur sa capacité, on n'aurait pas besoin d'organiser de grandes campagnes évangéliques pour emmener des gens à Jésus. Ils seraient eux-mêmes convaincus par la manifestation du **Saint-Esprit** dans nos vies.

Et ce qui distingue ce Dieu des autres dieux, c'est qu'ils ont des bouches et ne parlent point, des yeux et ne voient point, des oreilles et n'entendent point, un nez et ne sentent point, des mains et ne touchent point, des pieds et ne marchent point, et ils ne produisent aucun son dans leur gosier. Ce sont des ouvrages de la main des hommes (Ps 115.4-7). Et les autres sont les créatures de l'Éternel notre Dieu.

Questions

1- Est-ce que vous pensez que c'est le Dieu d'Israël qui est le créateur ?

R---

2- Qui est-ce qui nous a nommés gestionnaires ?

R---

3- La terre a été préparée par qui pour donner de la nourriture ?

R---

4- Par qui la première opération a été faite ?

R---

5- Par qui la première interrogation a été faite ?

R---

6-   Qui peut nous libérer ou nous condamner avec justice ?

R---

7-   Qui peut nous délivrer de la malédiction du péché et de la mort ?

R---

2

RELIGION

C'est le lien qui unit l'homme avec son Dieu. Qu'on le veuille ou non, tout homme a sa religion ; car Dieu a laissé un vide en l'homme que lui seul peut combler.

Au commencement, il n'y avait pas de religion, puisque l'homme avait une étroite relation avec Dieu. Lorsque l'homme s'est séparé de Dieu, il a ressenti le vide en lui. Par contre, il part à la recherche de Dieu.

À partir de là, le monde connait 2 religions, la vraie et la fausse religion.

1- La vraie religion, c'est quand Dieu va à la recherche de l'homme. Dans ce cas, c'est Dieu qui prend toutes les initiatives. C'est lui qui dicte les lois et qui établit les principes. L'homme n'a qu'à obéir et recevoir par la foi les ordres de Dieu.

Lorsque Dieu a demandé à Abraham de quitter sa maison pour partir pour un pays qu'il ne connait pas, Abraham n'a fait qu'obéir et accepter par la foi ce que Dieu lui a dit.

C'est Dieu qui appela Moïse et lui donna des instructions pour le peuple d'Israël. C'est Dieu qui est descendu à travers Jésus-Christ et est venu habiter parmi nous. La vraie religion est l'initiative de Dieu. Et elle est fondée sur le Dieu créateur.

2- La fausse religion, c'est quand l'homme part à la recherche de Dieu, il se trompe sûrement. Car le cœur de l'homme est tortueux et qui peut le connaître (Je 17 9).

La fausse religion est une imagination de l'homme. Un besoin que l'homme tente de combler, mais en vain. Car Dieu seul peut combler ce vide. Elle est une malédiction, elle ne peut apporter le bonheur. Mais la guerre, le remord, et même la mort. Elle est fondée sur les créatures en tant que dieux.

La religion ne se réduit pas à une croyance en l'au-delà, elle implique aussi un culte et une organisation. En fait, une religion se conçoit le plus souvent comme un système de pratiques et de croyances en usage dans un groupe ou une communauté. On comprend alors que la religion sert moins à affronter la mort qu'à faire face aux épreuves de la vie.

La religion se définit en latin par : **Relegere**, qui signifie rassembler et **reliegare**, qui signifie lier, relier ; le fait de s'occuper d'une nature supérieure que l'on appelle divine et de lui rendre un culte (Cicéron). Elle est souvent envisagée comme ce qui concerne la relation entre l'humanité et Dieu. Elle peut être aussi comprise comme les manières de rechercher ou de trouver des réponses aux questions les plus profondes de l'humanité.

C'est la raison pour laquelle, la religion ainsi envisagée est présente partout où se trouve l'être humain et n'a pas d'assise territoriale particulière. Savez-vous pourquoi ? C'est parce que l'humanité a été faite pour donner gloire à son Créateur (Ps 148). En péchant, l'homme était séparé de Dieu, et dans sa folie, il donne gloire aux créatures, des choses qui ne peuvent sauver, au lieu de chercher le Créateur pour l'adorer. Pourtant Dieu a dit : Si vous me cherchez de tout votre cœur, vous me trouverez (Je 29.13).

C'est pourquoi, il y a autant de religions dans le monde tels que : Hindouisme, Judaïsme, Bouddhisme, Islam, Vaudou… Et le christianisme qui est subdivisé en plusieurs branches telles que : Catholique,

Adventiste, Baptiste, Pencotiste, Témoin de Jéhovah etc.

Beaucoup de gens pensent quand on dit à une personne qu'elle est religieuse, c'est une personne qui adore le Dieu Créateur. C'est faux ! C'est une personne qui pratique la religion. Et c'est la raison pour laquelle l'apôtre Paul a dit aux gens d'Athènes qu'ils sont extrêmement religieux, parce que chaque ville qu'il traversait, avait son propre dieu ou plusieurs dieux (Ac 17.22).

De nos jours, on peut constater que la même chose se produit en Haïti. Car chaque ville a son propre dieu ou patron. Bien que le Dieu Créateur se révèle à nous à travers la Sainte Bible, mais nous avons choisi de retourner à nos égarements.

Historiquement, les religions sont conçues comme des ordres dans lesquels sont recommandés ce qu'il faut faire et ce qu'il faut croire.

À cet effet, les hébreux ont apporté une religion nouvelle très différente de toutes les autres, ce qui constitue l'une des plus belles pages de l'histoire de la religion.

Les peuples de l'antiquité adoraient plusieurs dieux sous divers formes, tandis que les hébreux vénèrent Jéhovah, Dieu unique Éternel. Contrairement aux autres nations, grâce à la Bible, nous connaissons les hébreux mieux et le Dieu qu'ils servent dans le dernier livre du pentateuque. Deutéronome six rapporte ce qui suit : « Écoute Israël ! L'Éternel notre Dieu, est le seul Éternel. Tu aimeras l'Éternel, ton Dieu, de tout ton cœur, de toute ton âme et de toute ta force (vs 4,5) ».

Tu craindras l'Éternel, ton Dieu, tu le serviras et tu ne jureras par son nom. Vous n'irez point auprès d'autres dieux, d'entre les dieux des peuples, qui sont autour de vous ; car l'Éternel, ton Dieu, est un Dieu jaloux au milieu de toi. La colère de l'Éternel, ton Dieu, s'enflammerait contre toi, et il t'exterminerait de la terre (vs 13-15).

Nous connaissons l'influence des autres nations, en ce qui a trait à la religion. Par exemple les chaldéens sont très religieux, ils ont une pléiade de dieux, tout comme Ishtar, grande divinité féminine. Mardouk, dieu de Babylone, on a Assour, dieu des Assyriens, sont les plus vénérés et aussi les plus redoutés.

Ainsi, on se souvient d'un vieux cantique égyptien pour célébrer le bienfait du Nil « Salut o Nil ! Toi qui viens en paix pour donner la vie à l'Égypte. Tu abreuves la terre en tout lieu, dieu des grains, seigneur des poissons, créateur du blé, producteur de l'orge… »

Les égyptiens ne connaissaient pas Dieu, au contraire leur pharaon est un roi très puissant, car il est considéré par ces derniers comme un véritable dieu sur la terre. Les égyptiens croient une fois jugée par le tribunal d'Osiris (dieu de végétation et seigneur du royaume éternel des morts) avoir la vie éternelle.

Quant aux phéniciens, ils adorent des dieux peu nombreux qui représentent les forces de la nature. Pour ces derniers Baal, représente le dieu de la montagne, des nuages, de l'orage et de la pluie, les autres dieux connus sous les noms : D'Adonis Mot et Tanit ils sont liés avec la lune, des saisons sèches ou de la moisson

Vous n'êtes pas sans savoir que les grecs ont laissé de très nombreux témoignages du respect qu'ils accordaient à leurs dieux. Pour eux, lorsque l'orage menace, que la tempête va se lever, le marin effraye, demande secours au dieu de la mer : Poséidon, c'est pourquoi les marins grecs lui ont élevé un temple.

Tandis que ceux qui professent les arts et les sciences honorent Apollon, ils ont une multitude de dieux.

Citons Zeus dieu du ciel, les deux frères Poséidon et Hadès dieux des enfers, Arès dieu de la guerre, Athéna, déesse de l'intelligence, Aphrodite, déesse de la beauté et de l'amour. Hermès dieu des commerçants et des voleurs. Artémis déesse qui règne sur les animaux sauvages.

Jusqu'à aujourd'hui, l'influence religieuse des grecs ont dominé toutes les civilisations. Jusqu'à aujourd'hui les fêtes religieuses comprennent aussi des concours artistiques ou sportifs en l'honneur de ces dieux. Les vainqueurs reçoivent des couronnes et ils sont traités en héros à leur retour dans leur cité.

Les pages d'histoire grecs révèlent, Adelphe, près du temple d'Apollon se déroulent des épreuves de musique et de poésie. Tandis qu'à l'Olympique, tous les quatre ans ont lieu les jeux Olympiques, les plus célèbres de toute la Grèce.

Les historiens traversent les périodes pour raconter et expliquer les civilisations du temps passé, ils nous permettent d'abord de nous situer dans le temps et dans l'espace par rapport à tous ceux qui nous ont précédés et surtout la question de l'influence de la religion et surtout de la philosophie, c'est pourquoi l'apôtre Paul averti l'assemblée de Colos en ces mots : Prenez garde que personne ne fasse de vous sa proie par la philosophie et par une vaine tromperie, s'appuyant sur la tradition des hommes, sur les rudiments du monde et non sur Christ (Col 2.8).

On sait qu'à l'époque hellénistique, on se préoccupe surtout de l'homme et de son bonheur. D'où les philosophes proposent aux hommes des recettes pour atteindre le bonheur durant leur vie grâce à la sagesse humaine.

On découvre les stoïciens avec leur conseil de mépriser la souffrance et de toujours dominer. Pour

Épicure, il faut vivre sans ambition, ne recherchant que les plaisirs qui n'entraineront pas de soucis.

Par contre la religion grecque qui se préoccupait moins de l'homme, on se tourne désormais vers les religions orientales, qui promettent aux hommes la résurrection après la mort. Ainsi, on adore Isis, Osiris et Zeus. Certains commencent même à rendre un culte à Jéhovah.

Comme la plupart des peuples de l'antiquité et à la différence des hébreux, les romains honorent un grand nombre de dieux, on honore les esprits des ancêtres défunts, ils ont des dieux, la plupart sont empruntés aux grecs. Ce sont Jupiter qui est Zeus, Junon (Héra) déesse de la maternité, Minerve (Athéna), Mars (Arès), Mercure (Hermès). Le culte des romains comprend des prières, des offrandes, des sacrifices. On organise des fêtes champêtres, avec banquet comme aujourd'hui les fêtes des saints dans des communes en Haïti.

Voilà pourquoi l'Éternel a tracé une voie sans détour pour que son peuple ne prenne pas des bretelles de déviations. « Car tous les dieux des peuples sont des idoles, et l'Éternel a fait les cieux » (1Ch 16.26).

Le Dieu des hébreux a une perfection tellement inimaginable, est différent des autres dieux, et il interdit de le représenter sous quelle que soit la forme.

Jéhovah a conclu une alliance avec le peuple hébreu qui doit obéir à ses commandements qu'il a révélés à Moïse sur le Mont Sinaï et inscrits sur les deux tables de pierres (Ex 20.1-17).

Contrairement aux autres temples, les objets du culte sont différents et dictés par Dieu lui-même : Autels, Chandelier ou Candélabre à 7 membres ne comportent aucune image de Dieu (Ex 25.40). Un service du culte assuré exclusivement par les lévites (No 18.23). Ce sont des descendants de Lévi (No 18.6).

On dénote que la vie religieuse est ponctuée d'un certain nombre de fêtes accompagnées de jeûne qui rappellent de grands moments de l'histoire des peuples hébreux : Nous avons la pâque en souvenir de la sortie d'Égypte. La pentecôte pour commémorer la remise des tables de la loi à Moïse. Les tabernacles ou tentes en mémoire du séjour nomade dans le désert avant la conquête de la terre promise. La grande vérité que le monde doit savoir, Dieu a conclu une alliance avec le peuple hébreu (Ex 19.5).

Dieu admet l'existence d'autres dieux qui sont des idoles, mais les hébreux ne doivent adorer que lui. Car, il est un Dieu jaloux, il est le Créateur, le Maître de l'univers (Ex 20.3-5). Au VIII e et VII e siècle avant Jésus-Christ, les prophètes : Isaïe, Jérémie, Ézéchiel inspirés par Dieu, répandent avec véhémence l'idée que Jéhovah, Dieu, Éternel, le grand Yahvé n'est pas seulement un Dieu particulier ou supérieur aux autres dieux des nations. Mais, qu'il est le Dieu universel. Ainsi que nous devons croire les autres divinités qui remplissent toute la surface de la terre n'ayant pas d'existence réelle, nous savons que les idoles sans pour autant ignorer les anges déchus méchants qui se trouvent dans les lieux célestes, sur la terre et dans les eaux plus bas que la terre (Ex 20.3,4).

La religion des hébreux est la seule qui assure une garantie pour le salut de l'humanité. Et elle annonce la venue d'un sauveur « **MESSIE** » pour tous les hommes, quiconque croit ! (Jn 3.16). Cette religion alors a une portée universelle, ses racines sont très profondes, et elle insiste davantage sur la nécessité d'une vie vertueuse. De plus, on peut comprendre le pourquoi Moïse et ses renseignements à propos de ce Dieu se sont prolongés, non seulement au cœur du judaïsme, mais aussi dans les religions chrétiennes et musulmanes.

2.1. Le rôle de la religion

Quand on pratique la vraie religion, on devient vertueux, sociable, aimant et aimable et prêt à toute bonne œuvre.

Jésus était un homme utile partout où il passait. Aux noces de Cana, Jésus ne restait pas indifférent devant le problème que confrontait le maître des noces.

En visitant la belle-mère de Pierre, il l'a guérie de sa fièvre. En face d'un impotent, d'un aveugle ou d'un boiteux, Jésus ne restait pas indifférent.

En allant au ciel, Jésus a laissé son Église afin que ses disciples puissent se fortifier les uns les autres.

La vraie religion apporte de l'espoir, du bonheur, du réconfort. Quelqu'un qui pratique la religion pure et sans tache est un pion utile à la société.

La religion n'enseigne pas seulement la vertu, mais aussi, elle nous catalyse vers les actions morales au niveau de la société. C'est la force vive de l'esprit moral de la société.

2.2. Église : Assemblée / Institution

L'Église est une société religieuse, un ensemble de personnes partageant les mêmes points de doctrines, ayant le même objectif. L'Église chrétienne est l'image de la famille de Dieu sur terre ; parce que nous sommes ses enfants dans un monde controversé, voilà pourquoi en dépit de tout danger et toutes menaces, les chrétiens sont confortables, car ainsi parle l'Éternel des armées : Après cela, viendra la gloire ! Il m'a envoyé vers les nations qui vous ont dépouillés ; car celui qui vous touche, touche la prunelle de son œil (Za 2.8).

L'Église est une institution fondée par Dieu et dont le chef est le Christ. C'est pourquoi on dit : L'Église du Dieu vivant. Quand nous lisons dans le livre des Éphésiens l'apôtre Paul a dit : Le mari est le chef de la femme, comme Christ est le chef de l'Église, qui est son corps, et dont il est le Sauveur (Ep 5.23).

Et c'est Dieu qui a établi dans l'Église premièrement des apôtres, secondement des prophètes, troisièmement des docteurs, ensuite ceux qui ont le don de miracles, puis ceux qui ont les dons de guérir, de secourir, de gouverner, de parler diverses langues (1Co 12.28).

En tant qu'institution, l'Église a des ministères dont les ministres travaillent chacun selon le don qu'il a reçu par le Saint-Esprit.

Dès sa naissance, Jésus a institué les apôtres (Mt 10.1,2). Puis ayant appelé ses 12 disciples, il leur donna le pouvoir de chasser les esprits impurs, et de guérir toute maladie et toute infirmité.

Notez bien que « **apôtre** » veut dire « **envoyé** ».

L'Église du Dieu vivant est une institution fondée principalement pour recevoir ceux qui étaient sauvés. Et pour que ses membres puissent se fortifier les uns les autres.

L'Église est le royaume visible de Dieu sur terre, c'est-à-dire la porte du ciel. C'est un lieu de socialisation pour ses membres.

L'Église a une mission ou un mandat, celle de prêcher l'évangile de grâce de Jésus-Christ aux habitants de la terre (Mt 28.19,20).

Vous connaissez aussi bien l'histoire de Moïse dans le désert avec le peuple assoiffé et rebelle, mais il a été dépassé, dominé par la colère, c'est l'Éternel lui-même qui s'adressa impérativement à Moïse. L'Éternel parla à Moïse et dit : Prends la verge, et convoque l'assemblée, toi et ton frère Aaron. Vous parlerez en leur présence au rocher et il donnera ses eaux ; tu feras sortir pour eux de l'eau du rocher, et tu abreuveras l'assemblée et leur bétail.

Moïse prit la verge qui était devant l'Éternel, comme l'Éternel le lui avait ordonné. Moïse et Aaron convoquèrent l'assemblée en face du rocher. Et Moïse leur dit : Écoutez donc, rebelles ! Est-ce de ce rocher que nous vous ferons sortir de l'eau, puis il leva la main et frappa deux fois le rocher avec sa verge. L'assemblée but et le bétail aussi. Et l'Éternel dit à Moïse et à Aaron : Parce que vous n'avez pas cru en moi, pour me sanctifier aux yeux des enfants d'Israël, vous ne ferez point entrer cette assemblée dans le pays que je lui donne.

L'apôtre Paul a révélé ce mystère en disant : « Ils ont tous bu le même breuvage spirituel, car ils buvaient à un rocher spirituel qui les suivait, et ce rocher était Christ » (1Co 10.4).

Souvenons-nous de la fameuse rencontre de Jésus avec la cananéenne. Jésus lui répondit : Si tu connaissais le don de Dieu et qui est celui qui te dit donne-moi à boire, tu lui aurais toi-même demandé à boire, et il t'aurait donné de l'eau vive du Seigneur. Lui dit la femme : Tu n'as rien pour puiser, et le puits est profond ; d'où aurais tu donc cette eau vive ? Es-tu plus grand que notre père Jacob qui nous a donné ce puits, et qui en a bu lui-même, ainsi que ses fils et ses troupeaux ? Jésus lui répondit : Quiconque boit de cette eau aura encore soif ; mais celui qui boira de l'eau que je lui donnerai n'aura jamais soif, et l'eau que je lui donnerai deviendra en lui une source d'eau qui jaillira jusque dans la vie éternelle (Jn 4.13,14).

Revenons avec Moïse, il s'attribuait à sa personnalité le mérite du don de l'eau au lieu de laisser ce mérite à celui qui est le rocher, Moïse ce grand homme de Dieu, celui qui avait défié les magiciens d'Égypte et Pharaon lui-même par ces prodiges, là, il avait péché. Et à cause de ce péché, il n'entrerait pas dans la terre promise (No 20.7-12).

Juste avant son grand voyage pour l'éternité Moïse a rendu gloire à Dieu, tout en proclamant le nom de l'Éternel comme étant qu'il est le rocher, ce n'est pas un homme ou un être d'un commun des mortels. « Car je proclamerai le nom de l'Éternel. Rendez gloire à notre Dieu ! Il est le rocher ; ses œuvres sont parfaites, car toutes ses voies sont justes ; c'est un Dieu fidèle et sans iniquité, il est juste et droit » (De 32.3,4).

Sans ambiguïté, proliférons des grands comme Ésaïe, David, Paul tous font écho à propos de Jésus le Christ, considéré comme le rocher ; c'est pourquoi ainsi dit le Seigneur, l'Éternel : Voici, je pose comme fondement en Sion, une pierre, une pierre éprouvée, une précieuse pierre de coin, un sur fondement ; celui qui se fie à elle ne se hâtera pas (Es 28.16).

David s'exprima ainsi : Éternel, mon rocher, ma forteresse, mon libérateur ! Mon Dieu, mon rocher, où je trouve un abri ! Mon bouclier, la force qui me sauve, ma haute retraite ! (Ps 18.3)

Paul a placé la cerise du gâteau en s'exprimant ainsi : Car personne ne peut poser un autre fondement que celui qui a été posé, savoir Jésus-Christ (1Co 3.11). Et Jésus lui-même a fait briller cette grande lumière dans le livre de Matthieu en disant : N'avez-vous jamais lu dans les Écritures ; la pierre qu'ont rejetée ceux qui bâtissaient est devenue la principale de l'angle ; c'est du Seigneur que cela est venu, et c'est un prodige à nos yeux ? (Mt 21.42).

La parole de Dieu atteste qu'il y a un seul fondement à savoir une seule Église. On pose cette question : Quelle est la véritable Église du Seigneur ? Le problème se pose sur une question de croyance ! Ce problème a été résolu, il y a plus de deux mille ans, dans le livre de Romains : Quiconque croit en lui ne sera pas confus. Nous vous donnons toute la garantie que ceux qui croient en Jésus sont sur la bonne voie. Le problème actuel de l'humanité, c'est que nous clochons de deux côtés (Ro 10.11).

Il y a plus de deux mille ans que Jésus avait déclaré : « Sur cette pierre je bâtirai mon Église ». Cela explique que, celui qui est le rocher vivant est Jésus.

L'Église devrait être un bouclier, un lieu de refuge. Elle devrait faire la grande différence dans un monde en grandes mutations. C'est pourquoi la traduction grec de l'Église « **Ekklesia** », qui fait croître l'idée d'un appel hors d'ici, car la situation est dramatique. C'est une question de vie ou de mort, d'éternité bien heureuse, ou malheureuse ; l'amour de Dieu pour l'humanité n'épargne même la personne plus précieuse pour Dieu.

Dieu également nous demande de faire un effort personnel en invitant chaque homme à faire un pas sur la voie du salut. Sortez du milieu d'eux et séparez-vous, dit le Seigneur, ne touchez pas à ce qui est impur. Et je vous accueillerai (2Co 6.17). Comment pourrait-on envisager cet impératif. À la lumière de cette plaidoirie, l'Éternel parla à Moïse, et dit : Parle à l'assemblée et dis : Retirez-vous de toutes parts loin de la demeure de Koré, de Dathan et d'Abiram (No 16.23, 24). Séparez-vous du milieu de cette assemblée, et je les consumerai en un seul instant. Dieu est un avertisseur fidèle, il est un vrai témoin ou du moins un indicateur fiable à qui nous devons faire confiance (No 16.21).

Dans les aéroports, nous voyons beaucoup de personnes agitées cherchant le rayon qu'indique leur destination, mais tout à coup une voix dit : Attention ! Attention ! C'est notre dernier appel pour les voyageurs du vol 725 à destination de l'île de la Dominique par exemple, l'embarquement immédiat, l'appareil laissera le sol dans 30 minutes. Cela nous fait penser aux messages des trois anges (Ap 14.6-9).

Voilà le carrefour décisif dans lequel se trouve l'Église ; que chaque membre de n'importe quelle institution religieuse soit intelligent et sélectif, et doit choisir, la bonne voie. Ainsi, il est conseillé de poser des questions à vos dirigeants sur les moyens de reconnaître une vraie et une fausse Église.

Nous aimerions que vous souligniez ces mots ; il n'y a que deux Églises ! Dans une pléiade de confessions, cela veut dire une Église pure et une autre Église impure. Mais l'adversaire de Dieu a troublé l'attention de l'homme avec une multitude de confessions. C'est vrai qu'il y avait une idée de réforme vers les années 1400 et 1500, des hommes distingués comme Jean Wiclef ; nous avons aussi le grand William Tyndale qui a traduit la Bible en anglais, et la montée en force de ce grand moine allemand répondant au nom de Martin Luther en 1517 qui a cloué ses points de désaccord avec l'Église catholique à travers un fameux document baptisé : **La dispute sur la puissance des indulgences (95 thèses).** Il y a d'autres personnalités comme Jean Calvin, Ulrich Zwingli ayant rejoint ce grand mouvement de protestation, lequel a donné naissance à l'Église protestante.

Ces initiateurs n'avaient pas en leur tête de faire une autre Église, ils voulaient que l'Église soit réformée selon les principes de la Bible. Nous ne nous demandons pas comment a été l'Église de Jésus-Christ et l'Église des apôtres ou l'Église primitive ?

Nous vous prions de lire ce paragraphe avec attention. Depuis le temps des apôtres, chaque Église locale choisissait des anciens pour prendre soin de ses membres (Ac 14.23). L'histoire a révélé ces hommes prenaient premièrement le nom d'évêques, un peu plus tard le nom d'évêques ne fut employé que pour le chef d'Église à savoir officier de district. À noter que certaines Églises étant plus importantes que d'autres, ainsi, leurs évêques gagnèrent aussi en pouvoir.

Il était pratiquement naturel que le chef de l'Église de Rome, la capitale de la partie ouest de l'empire romain, ait plus d'autorité que les autres chefs de l'Église. Vous êtes en train de savourer l'une des plus belles pages de l'histoire de l'Église, laquelle est peu connue.

Après la destruction de Jérusalem en l'an 70 (ap. J.-C.), l'autorité de l'évêque de Rome s'accrut, donc beaucoup de fidèles d'Église et d'officiers publics le considérèrent comme le chef de l'Église. À remarquer que ce n'est pas Dieu qui a placé ce chef à la tête de son Église, deuxième vérité contrairement à ses prétentions, l'Église catholique n'est pas réellement la première Église, elle est plutôt la première grande apostasie de la vraie Église de Jésus ; au fur et à mesure les évêques de Rome commencèrent à assumer des responsabilités non conférées par Dieu. Ils s'initièrent dans la politique et exercèrent une très grande influence sur le gouvernement. Ils mirent à dicter ce que les chrétiens devaient enseigner et faire, et se proclamaient autorisés à décider qui pouvait être sauvé. Alors nous devons vous faire remarquer que ces changements ne se produisaient pas soudainement, mais prirent place graduellement sur une très longue période.

Le dragon fut irrité, il essaya par tous les moyens de détourner les gens, il employa une arme puissante à trois répliques pour éliminer la doctrine de Jésus pour le salut de l'humanité :

Premièrement, il jeta la confusion parmi les gens, pour les empêcher de servir Jésus.

Deuxièmes, il enseigna ses commandements en lieu et place des commandements de Dieu.

Dernièrement, il rendit faux les enseignements et les pratiques semblant désirables.

C'est ainsi qu'il poussa les hommes à enseigner leurs propres idées pour la vérité, sachant que l'Église est la colonne et l'appui de la vérité (1Ti 3.15). C'est pourquoi on dit que le résultat de la réforme a été mitigé, car au début ils reprochèrent à l'Église certaines pratiques non bibliques telles que :

Utilisation des images dans l'Église vers le IV e siècle

Baptême des enfants

Prêtres célibataires

Confession à un prêtre

Vente des indulgences

Baptême non immergé, mais par aspersion

Communion, la coupe refusée aux laïcs

L'infaillibilité du pape, commun des mortels.

Ils sont incapables d'influencer l'Église avec ses racines apostâtes, chacun de ses hommes ainsi que leurs disciples ont fini par commencer une nouvelle Église séparée de celle de Rome et des autres Églises protestantes, nous avons :

Église Luthérienne de Martin Luther

Église d'Angleterre de Henry VIII

Église presbytérienne de Jean Calvin

Église Baptiste de John Smyth

Église Méthodiste de John Wesley

Église Mormon de Joseph Smith

Église Adventiste de William Miller/ White

Témoins de Jéhovah de Charles Taze Russell.

Le dragon est confortable quand il a réussi le grand schisme au sein des confessions religieuses, elles se divisent, se contredisent et sont en désaccord les unes avec les autres.

C'est avec un cœur rempli de contentement comme il est dit là-haut, il y a deux Églises seulement dans le monde. L'une qui sert Dieu le Créateur et l'autre qui ne le sert pas.

Voici les caractéristiques de l'Église qui sert Dieu : La couleur bleue qui représente les commandements de Dieu. La couleur pourpre et cramoisie qui représente les péchés. En fait, l'Église reçoit les pécheurs. Car cette Église a été en fonction après le péché. Et le fin lin retors qui représente les œuvres justes des saints (Ex 26.1). Car l'Église a été conçue d'après le modèle que Moïse a vu sur la montagne de Dieu (Ex 26.30).

Voici les caractéristiques de l'Église qui ne sert pas Dieu : La couleur pourpre et d'écarlate qui représente les blasphèmes de ces dirigeants. Parée d'or, de pierres précieuses et de perles qui représentent de grandes richesses que possède cette Église. Et la coupe d'or qui est remplie d'abominations et des impuretés de sa prostitution (Ap 17.4). En fait, c'est une Église qui n'a pas les commandements de Dieu, elle a ses propres commandements et ses œuvres ne sont pas dirigées vers Dieu, mais vers eux-mêmes. Et c'est avec cette Église que les rois de la terre se sont livrés à l'impudicité, c'est avec du vin de son impudicité que les habitants de la terre se sont enivrés (Ap 17.2).

Dans ce cas, si vous voulez servir le Dieu qui a fait les cieux et la terre, vous devez vous rappeler les critères de la vraie Église, afin que, au retour de Jésus, vous soyez-là, pour jouir les béatitudes sans fin que Jésus nous a réservées.

Jetons un coup d'œil à nouveau sur l'itinéraire de cet homme qui est le chef de toutes les Églises. Comme les évêques de Rome commencèrent à employer leur autorité dans le sens du mal, ouvrons-nous les yeux pour comprendre cette mutation ; le titre de leur office fut aussi changé. Pape ou bien père, c'était un titre comme d'honneur employé pour les prêtres et les évêques du II e et du III e siècle après Jésus-Christ.

Mais à partir du IV e siècle, ce titre fut appliqué seulement à l'évêque de Rome. C'est ainsi il fut connu comme le Pape, l'homme puissant qui détient le pouvoir dans le ciel, sur la terre et sous la terre, et ce nom Pape qui signifie le père, un titre qui n'appartient qu'à Dieu. Rappelons-nous la prière dominicale « notre Père qui est aux cieux… » (Mt 6.9-13).

Savourons un peu cette déclaration de Grégoire VII qui fut pape de 1073 à 1085. Il proclama que l'Église n'avait jamais commis d'erreur, que le pape pouvait changer les décisions et les lois de n'importe quel gouvernement, mais qu'aucune loi dictée par le pape ne pouvait être changée. Il déclara être le maître souverain exerçant son pouvoir sur tous les royaumes, pouvant enlever les empires et les donner à qui il désire, selon son bon plaisir.

Cela a été prédit par la parole de Dieu. Parlant de ce royaume, il est écrit : « Il espèrera changer les temps et la loi » (Da 7.25).

Voyons quelques changements réalisés par ce dernier. Le pape était couronné d'une triple couronne qui indiquait sa souveraineté sur le ciel, sur la terre et sur le purgatoire. Par contre la Bible enseigne « tu adoreras le Seigneur ton Dieu, et tu lui serviras lui seul » (Lu 4.8).

Il a aussi institué la doctrine, en disant que les âmes des morts non seulement continuent à vivre mais savent tout ce qui arrive, tandis que la Bible enseigne le contraire, nous lisons ce qui suit : « Les vivants en effet, savent qu'ils mourront, mais les morts ne savent rien » (Ec 9.5).

Il déclare également qu'une personne peut réduire ses propres peines et celles de ses proches en accomplissant de bonnes œuvres ou faisant des dons à l'Église. C'est de cette façon que l'Église assure le contrôle des grandes richesses.

Or, la Bible enseigne le contraire dans le livre des Éphésiens en disant : « C'est par la grâce que nous sommes sauvés par le moyen de la foi et cela ne vient pas de nous, c'est un don gratuit de Dieu, ce n'est point par les œuvres afin que personne ne se glorifie » (Ep 2.8,9).

Il introduisit les images et les reliques des saints pour être révérées et adorées. Abomination ! La Bible enseigne à travers le premier et le deuxième des dix commandements : Tu ne feras point d'image taillée ni de représentation quelconque des choses qui sont en haut dans les cieux, qui sont en bas sur la terre, et qui sont dans les eaux plus bas que la terre. Tu ne prosterneras point devant elles, et tu ne les serviras point ; car moi, l'Éternel, ton Dieu, je suis un Dieu jaloux (Ex 20.4,5). C'est une provocation, une insulte envers le grand Dieu Créateur, vous êtes d'accord ou non ?

On fait connaître aux gens qu'offrir des prières aux saints est une très bonne chose, car la sainte vierge

Marie est une médiatrice au trône de Dieu et intercédant auprès de Dieu, afin qu'il réponde aux prières des pécheurs et pardonne les péchés au nom de la sainte vierge :

Je vous salue, Marie, pleine de grâce ;

Le seigneur est avec vous ;

Vous êtes bénie entre toutes les femmes,

Et Jésus, le fuit de vos entrailles est béni.

Sainte Marie, mère de Dieu,

Priez pour nous, pauvres pécheurs,

Maintenant et à l'heure de notre mort. Amen.

Qu'enseigne la Bible à ce sujet ? Nous pouvons lire dans le livre de Timothée ce qui suit : Il y a un seul Dieu, et aussi un seul médiateur entre Dieu et les hommes, Jésus-Christ homme. Amen ! (1Ti 2.5)

La dérive continue ; l'Église catholique romaine déclare que le jour d'adoration a été transféré du samedi qui est le septième jour de la semaine, au dimanche qui est le premier jour de la semaine. Qui avait l'autorité de faire un tel changement ?

L'Église catholique romaine admet promptement qu'elle opère le changement du samedi au dimanche. Ce qui est drôle, la plupart des soi-disant chrétiens du monde entier suivent l'Église catholique en observant le dimanche pour prouver son autorité, laquelle dit que le pape a le droit de changer le temps et la loi.

Pour l'histoire et pour la vérité ; il est claire, d'après les Écritures, que Jésus observait le Sabbat qui est le septième jour ou le samedi, et que les apôtres de Jésus continuèrent à faire de même après sa mort.

L'un des exemples montrant amplement que le Sabbat, le 4e commandement, n'a pas été transféré au dimanche par Jésus ou les apôtres, mais par ceux s'arrogeant l'autorité de modifier les écrits de la Bible. Ce n'est pas étonnant que tout le monde prend cette direction vers le dimanche pour prétendre rendre un culte à Dieu, quel Dieu ? Est-ce le Dieu créateur qui a tout fait en 6 jours et s'est reposé le 7e jour ?

Enfin, la Bible enseigne le baptême par immersion qui signifie : Immerger dans l'eau, et Jésus notre divin modèle entra dans le Jourdain et se fit baptiser par Jean le Baptiste (Mc 1.9).

Nous lisons dans la Bible ce qui suit : Celui qui croira et qui sera baptisé (à l'instar de Jésus) sera sauvé (Mc 16.16). C'est à vous de tirer une conclusion et de différencier la vraie et la fausse Église.

Quand on dit les 7 Églises, ce terme ne revient pas à dire qu'il y a plusieurs Églises de Dieu, bien que ces Églises de l'Apocalypse existaient littéralement. Mais, plutôt elles symbolisent les 7 grandes périodes que connaitrait l'Église de Dieu à travers le temps. La première Église de l'Apocalypse symbolise l'Église du I ᵉ siècle. Tandis que la dernière Église symbolise l'Église des derniers jours, c'est-à-dire l'époque dans laquelle nous vivons.

Il n'y aura pas une huitième Église. C'est cette Église, Laodicée, qui mettra fin à la suite des 7 Églises.

2.3. Théocratie

Dieu (Jéhovah) n'est pas seulement le Dieu des hébreux ou des chrétiens en particulier, Il est le Dieu véritable, unique et universel. Jusqu'ici nous avons deux grands témoins qui attestent l'existence de Dieu, le premier est le livre de la nature. « Les cieux racontent la gloire de Dieu, et l'étendue manifeste l'œuvre de ses mains » (Ps 19.1). Quand je contemple les cieux, ouvrage de tes mains, la lune et les étoiles que tu as créées (Ps 8.3). Et le second témoin est l'écrit de la Bible. À travers elle, on a pu relater les actions de Dieu et sa personne.

Les Écritures présentent Dieu comme le Créateur (Ge 1.1). Il est le Dieu qui soutient le monde (He 1.3). Il est le Rédempteur (De 5.6). Les Écritures enseignent avec justesses la souveraineté de Dieu, il agit partout comme il lui plait, Dieu a choisi un peuple, une nation pour qu'elle soit une lumière pour les autres peuples.

Le peuple de Dieu qui devrait être un modèle pour attirer d'autres peuples à Dieu se laisse éclipser par des systèmes purement humains. Essayons de définir le terme « **théocratie** ».

Le terme théocratie est composé de deux mots grecs. THEOS qui signifie Dieu et le mot KRATOS qui signifie pouvoir, puissance. Il est considéré comme un gouvernement émanant de Dieu, c'est un pouvoir venant directement de Dieu sur la terre ou même comme un dieu incarné, par exemple Moïse était un dieu en face de pharaon, ainsi que les prophètes.

La théocratie est une forme de gouvernement dont le chef suprême est Dieu. Israël a connu cette forme de gouvernement de l'Égypte jusqu'à Samuel qui était juge et avancé en âge. Le peuple se révolta et demanda d'avoir un roi humain comme les autres nations.

L'Éternel dit à Samuel : Écoute la voix du peuple dans tout ce qu'il te dira ; car ce n'est pas toi qu'ils rejettent, c'est moi qu'ils rejettent, afin que je ne règne plus sur eux (1S 8.7).

Dieu n'est pas un Dieu de désordre, Dieu ne change pas, il est le même hier, aujourd'hui et éternellement. Quand Dieu dirige ses affaires, à la fin, il pouvait dire: « Voici cela était très bon » (Ge 1.31). Mais quand les hommes s'associent dans l'œuvre de Dieu, ils font des choses odieuses !

Aujourd'hui de nombreux regards se tournent vers des leaders évangéliques, qui font des prodiges avec un évangile dépourvu de Christ, c'est un christianisme sans Christ. Vous avez pour père le diable, et vous voulez accomplir les désirs de votre père. Il a été meurtrier dès le commencement, et il ne se tient pas dans la vérité, parce qu'il n'y a pas de vérité en lui. Lorsqu'il profère le mensonge, il parle de son propre fonds ; car il est menteur et le père du mensonge (Jn 8.44).

De nos jours, des esprits sataniques se sont infiltrés dans les assemblées chrétiennes sous forme de « l'esprit de divination », c'est un esprit ponctuel, c'est un esprit qui donne un certain pouvoir, un certain don.

On peut remarquer certaines actions négatives de ces esprits sur les chrétiens de nos jours et du temps jadis ; ces esprits pouvaient rendre malade. « Voici, il y avait une femme possédée d'un esprit qui la rendait infirme depuis dix-huit ans » (Lu 13.11). Ils peuvent opprimer les gens. Mais Jésus de Nazareth allait de lieu en lieu faisait du bien et guérissait tous ceux qui étaient sous l'emprise du diable, car Dieu était avec lui (Ac 10.38). Ces esprits enlèvent également la personnalité des personnes innocentes, aussitôt que Jésus fut hors de la barque, il vint au-devant de lui un homme, sortant du sépulcre et possède d'un esprit impur, cet homme avait sa demeure dans les sépulcres et personne ne pouvait le lier, même avec une chaine (Mc 5.2,3). Ces esprits parlent à travers les hommes. Ils sont adorés par les idolâtres qui sacrifiaient leurs fils et leurs filles aux idoles (Ps 106.37).

Dieu est strict à propos de manipulation des esprits maléfiques au sein de son peuple en disant : Si un homme ou une femme ont en eux l'esprit d'un mort ou un esprit de divination, ils seraient punis de mort ; on les lapidera ; leur sang retombera sur eux (Le 20.27).

Et, pourtant nous constatons dans les Églises modernes, dites Églises chrétiennes, nous trouvons des esprits de divination. Certains des leaders sont des anciens sorciers apparemment convertis à Christ, tandis qu'ils ont pour objectifs de séduire, puis détruire des dirigeants naïfs, et de conduire également de nombreux chrétiens dans l'occultisme et de la sorcellerie. Ce sont des gens très confortables à la tête de certaines Églises dans l'aire métropolitaine de certains grands pays à travers le monde. La parole de Dieu insiste en ce terme : Bien aimés, n'ajoutez pas foi à tout esprit, mais éprouvez les esprits pour savoir s'ils sont de Dieu. Car plusieurs faux prophètes sont venus dans le monde (1Jn 4.1).

Il est toujours possible de débarrasser l'Église de ces mercenaires ; les soixante-dix revinrent avec joie, disant : « Seigneur, les démons mêmes nous sont soumis en ton nom » (Lu 10.17).

Ne soyez pas perplexe à propos de l'avenir de l'Église de Dieu, par ailleurs, je vous assure que Dieu est en train de préparer quelque chose de meilleur pour son Église. Ne pensez pas un seul instant que Dieu va permettre à satan de prendre le contrôle absolu de son Église. Car les portes du séjour des morts ne prévaudront point contre elle (Mt 16.18).

En dépit de toutes les imperfections de l'Église, nous sommes convaincus que l'amour de Dieu a prévalu sur toutes les fautes commises par cette dernière dans le but de sauver son peuple. Quelles que soient les circonstances, vous devez savoir que Dieu règne encore, il sait tout de A à Z, et il conduira son peuple dans le vert pâturage (Ps 23.2).

Puisque vous connaissez déjà la définition de la théocratie à savoir un gouvernement où le titulaire de la souveraineté est divin, cela ne veut pas dire qu'il fut un temps où Dieu a laissé son trône dans le ciel pour venir sur terre pour diriger. Nous avons l'épopée d'Israël où Dieu avait ses ministres à l'œuvre. Les prêtres, les juges, les prophètes sont des exemples de la pure théocratie. La loi religieuse et la loi civile ne se contredisent pas, chacun exerça son rôle.

Jésus avait les 12 disciples, puis 70, c'est déjà l'embryon de l'Église primitive, un peu plus tard, c'est un grand mouvement intensifié par les disciples de Jésus vers les années 40 et qui traverse tout le premier siècle de notre ère, les composantes étaient majoritairement des juifs convertis dans le christianisme, c'est la rupture avec le judaïsme.

Lettre ouverte aux chrétiens du temps moderne, voilà un modèle de l'Église en laquelle Jésus prendra plaisir quand il était sur la terre, il faisait de grandes œuvres, guérissait les malades, donnaient à manger aux..., faisait du bien aux démunis. Nous vous prions de lire avec intérêt Actes 2 verset 44 à 47 d'une part et Actes 4 verset 32 à 37.

Nous vous laissons avec ce texte : Examinez vous-même, pour savoir si vous êtes dans la foi (2Co 13.5).

2.4. Dogmatisme

D'après François Jacob ; ce n'est pas seulement l'intérêt qui fait s'entre tuer les hommes. C'est aussi le dogmatisme. Rien n'est aussi dangereux que la certitude d'avoir raison. Étymologiquement parlant, cela vient du grec : Dogma qui signifie opinion, puis le suffixe **isme** servant à former des mots correspondant à une attitude, un comportement, une doctrine, un dogme, une idéologie ou une théorie.

Le dogmatisme est le caractère de doctrines qui présente leurs affirmations comme des vérités fondamentales, incontestables et intangibles, sans esprit critique. Très souvent dans le domaine politique ou religieux « **dogmes** » ces doctrines peuvent dans certains cas, être imposées par la force.

L'inquisition établie du mot latin inquisitio signifiant enquête, recherche ; était une juridiction spécialisée, autrement dit un tribunal créé le 20 avril 1231 par le pape Grégoire IX pour combattre les hérésies. Elle relève du droit canonique en faisant appliquer aux personnes qui ne respectaient pas le dogme, des peines capitales.

L'hérésie selon la théologie catholique, concept erronée en matière de foi, on s'oppose aux idées, aux opinions généralement admises.

L'institution catholique accuse des personnes d'être hérétique, pourtant, elle est la source d'hérésie. Considérons quelques faits historiques :

En 590, après Jésus-Christ, le pape Grégoire invente presque en entier l'office de la messe et la croyance au purgatoire. Il dit aussi que l'enfer est le complément nécessaire du paradis, parce que le spectacle des tortures éprouvées par les damnés sera une source inépuisable de joie pour les élus.

En 1378, Urbain, la cruauté incarnée, devint dur et autoritaire principalement vis-à-vis des cardinaux non italiens qu'il abreuve d'insulte, de reproches incessants et menace de les faire torturer. Encore des révélations à propos de cette affaire d'inquisition qui devient un tribunal sans frontière, un peu partout dans le monde.

En 1566, pape Pie VI, ce saint de l'Église catholique se vante publiquement plusieurs fois d'avoir, pendant sa carrière d'inquisiteur, allumé de ses propres mains plus de 100 buchers d'hérétiques qu'il avait lui-même accusés ; confondus et condamnés, pour l'histoire de la vérité.

En 1848, une goutte de trop, c'en est assez la population de Rome se révolte contre la dictature papale ; et comme résultat, le pape Pie IX est chassé de son trône.

La liberté de conscience et de religion n'a pas été une garantie dans le monde par rapport à certains dogmes qui existaient. Un peu plus de civilisation aujourd'hui permet d'avoir un peu de proximité et de s'assoir pour discuter et pour faire jaillir un peu de lumière. Il fait le reconnaître, la liberté de conscience est garantie par certains pouvoirs publics en l'absence de trouble à l'ordre public. Pour citer le document de travail numéro 4 de L'IIEDH sur la liberté de conscience dans le champ de la religion de Patrice Meyer Bisch et de Jean Bernard Marie, Janvier 2002.

Nous devons vous faire remarquer d'une façon unanime qu'une religion possède les quatre éléments fondamentaux suivants :

1- **Dogme** : Il est une vérité indiscutable définie par l'autorité compétente, objet de foi, si l'on n'est pleinement convaincu que ces dogmes sont vrais et que ce culte est agréable à Dieu, ces dogmes et ce culte contribuent à notre salut.

2- Culte : Il est emprunté du latin cultus dérivé de colère (cultiver), le culte est un honneur que l'on rend à la divinité par des actes. Citons par exemple le culte hebdomadaire que nous devons rendre à Dieu qu'il a institué dès la création (Ex 20.8 11).

3- Morale : on dit que la morale n'est point dans la superstition, elle n'est pas dans la cérémonie, elle n'a rien de commun avec les dogmes.

On ne peut trop répéter que tous les dogmes sont différents, (parce qu'ils sont conçus par des hommes) et que la morale est la même chez tous les hommes qui font usage de leur raison (parce qu'elle est intrinsèque, elle peut-être sous l'influence d'un esprit supérieur venant de Dieu).

La Bible nous enseigne : La sagesse de ce monde est une folie devant Dieu (1Co 3.19). Aussi est-il dit : Dieu prend les sages dans leurs ruses. Et Jésus dans sa grande sagesse ajoute : Je suis le cep, vous êtes les sarments, celui qui demeure en moi et en qui je demeure porte beaucoup de fruit. Car sans Jésus vous ne pouvez rien faire (Jn 15.5). Jésus a laissé des enseignements pratiques et toujours actuels, en vue de nous aider à mener une vie authentique dans notre relation avec Dieu au-delà des règles religieuses humaines.

4- Sacerdoce : « Vous au contraire, vous êtes une race élue, un sacerdoce royal, une nation sainte, un peuple acquis, afin que vous annonciez les vertus de celui qui vous appelez des ténèbres à son admirable lumière » (1Pi 2.9).

La vérité sur la tribu de Levi :

La tribu de Levi est strictement dédiée au service de Dieu et du temple de Jérusalem ; elle a la particularité de ne posséder aucune région en terre Israël, mais des villes dispersées dans le territoire. Ainsi les Lévites détenaient 48 villes du royaume d'Israël sur lequel ils exerçaient un pouvoir administratif et politique. Les Lévites étaient préposés pour veiller sur les trésors de la maison de Dieu et les trésors des choses saintes. Pour pourvoir à leurs besoins matériels et financiers, les israélites devaient leur donner la dîme des récoltes (No 18.20-24). Ils étaient également chargés de les distribuer tant aux ouvriers du Seigneur qu'à ceux qui sont dans le besoin (2Ch 31.4-19).

Si toutes les conditions étaient réunies selon le plan de Dieu et l'organigramme des hommes, ainsi la communauté de l'Église serait un recoin du ciel sur la terre. Malheureusement, ce sont les contrefaçons qui sont en évidence, parce qu'ils présentent un message totalement incohérent par rapport aux Saintes Écritures.

Ils présentent un mélange de vérité et d'erreur pour satisfaire leur égo. Ils sont dépourvus de sacerdoce divin, ils semblent vraiment véridiques, sincères et mêmes spirituels et exprimant de grands intérêts pour le bien-être du peuple ; on n'a pas besoin de lunettes, à l'œil nu, on les distingue. Ainsi, revêtus de vêtements de brebis, ils profitent de l'ignorance de la majorité pour l'exploiter. Ils tendent à dire aux gens ce que ces derniers désirent entendre et non pas nécessairement ce qu'ils ont besoin d'entendre, ils sont plus intéressés à recevoir de l'argent des gens, que de se préoccuper de leur problèmes sociaux et spirituels.

Lafayette Ronald Hubbard de nationalité américaine, est une personnalité très connue dans le monde par rapport à ses nombreuses œuvres. Il est fondateur de la scientologie, et il la considère comme une religion en décembre 1953, date à laquelle la première Église de scientologie est fondée.

Il affirma ce qui suit : Il est ridicule d'écrire pour gagner un centime par mot. Si un homme désire vraiment réaliser un million de dollars, le mieux à faire est de fonder son propre mouvement religieux.

Nous vous tiendrons informés de cet imbroglio donc, le monde ne sera jamais converti par la cruauté des institutions religieuses à travers des méthodes de torture, ni les faux miracles opérés. Ce dont le monde a besoin pour sa conversion ; c'est une prédication qui exalte Jésus le Créateur ; le Rédempteur ; et Jésus l'ultime espérance pour un monde déchu et condamné.

2.5. La réforme et le schisme

C'est un mouvement initié au sein de l'Église catholique par un prêtre allemand nommé Martin Luther. Il afficha 95 thèses à la porte du château de Wittenberg. D'où la naissance de la réforme. Ce mouvement va gagner les grandes villes de l'époque jusqu'au grand schisme, d'où la naissance d'une autre religion (secte), le protestantisme.

Incroyable mais vrai, au concile de Toulouse, les chefs religieux de l'Église catholique décrétèrent : « Nous défendons aux laïcs d'avoir des copies de l'ancien testament et du nouveau. Nous leur interdisons très sévèrement d'avoir ces livres dans la langue populaire... Les seigneurs des religions rechercheront avec soin les hérétiques dans les maisons, les cabanes et les forêts, et même leurs retraites souterraines seront entièrement détruites ! » cf. :(concile de Toulouse pape Grégoire IX Anno. Chr.1229).

C'est le règne absolu, domination d'une force humaine mortelle, « **DOMINIUM DEUM NOSTRUM PAPAM** » (Notre seigneur dieu Pape), où le pape est couronné d'une triple couronne ; comme roi du ciel et de la terre et du purgatoire.

C'est pourquoi au début du XVI e siècle, l'Église catholique est toute puissante. Elle possède une très grande partie de terres cultivables. Elle touche des impôts divers et peut placer ou révoquer les rois, elle s'ingère dans les affaires de l'état.

Peu de gens parlent de ces vérités ; car au XVI e siècle, tous ceux qui questionnaient les enseignements de la papauté étaient appelés hérétiques. On les interdit socialement, ils ont pour peines (excommunion, persécution, la mort etc.), ces menaces et tortures permettaient à l'Église de garder le peuple sous son contrôle, un peu plus tard, on s'ajouta le fameux **tribunal l'inquisition**.

C'était un système absolu placé partout pour juger les hérétiques, et employait le pouvoir de l'état pour renforcer les lois de l'Église.

Il fut permis à satan d'extérioriser à l'œil nu son vrai caractère par l'intermédiaire de ces pouvoirs, beaucoup de religieux et des chefs sont placés pour soulager les misérables dans leurs détresses, ils se montrent égoïstes, cupides à l'égard du peuple, ils commettaient de nombreux péchés mais ils ne recevaient aucune punition humaine, seul le tribunal de l'Église pouvait les juger, tandis que, ils sont à la fois « **juge et partie** ».

Ces hommes, ces prélats sont insupportables aux yeux du monde. C'est scandaleux ! À noter, par-dessus tout, qu'il y a un seul Dieu. C'est pourquoi le psalmiste a dit : « Dieu est pour nous un refuge et un appui, un secours qui ne manque jamais dans la détresse » (Ps 46.2). Et il continue pour dire au onzième verset : Arrêtez et sachez que je suis Dieu ; je domine sur les nations, je domine sur la terre.

On se mit à étudier la Bible en hébreu, en grec et en latin, de nombreuses nouvelles universités furent ouvertes. Sans nul doute l'aide la plus efficace apportée à l'accroissement de la connaissance est l'invention de l'imprimerie en l'année 1456 par un allemand nommé Johannes Gutenberg.

C'est ainsi que le monde se préparait à recevoir une nouvelle lumière. Dieu suscita de grands hommes comme des témoins un peu partout pour porter un changement, ils sont des réformateurs.

Ils attirèrent brièvement l'attention des gens sur les erreurs de l'Église, et essayèrent de restaurer les enseignements de la Bible.

Nous vous rappelons les deux grandes pratiques de l'Église du XVI e siècle : **Premièrement la vente du pardon et le second, la menace d'extermination**, ayant le tribunal de l'inquisition comme force répressive constante.

La première devint rapidement un noyau très efficace pour l'Église de gagner de l'argent, la Bible ou la parole de Dieu défend la vente à but lucratif, cette parole vivifiante se trouve dans le livre de Matthieu (Mt 10.8).

Nous apprécions ce message d'amour : La Bible, la lumière de la vie et la parole de Dieu. L'importance de la parole de la Bible aujourd'hui dans la vie de l'être humain au XXI e siècle est plus que jamais vitale !

Elle renferme les directives de Dieu pour l'homme afin que ce dernier sauve son âme, qu'il se rapproche de Dieu, qu'il retrouve le bonheur, qu'il vive en harmonie avec lui-même et ses semblables, ainsi qu'avec la nature !

La Bible est une source de vérité, elle nous parle des événements eschatologiques, et transforme la vie toute entière de l'être humain.

Il a fallu 16 siècles et 40 écrivains différents pour écrire les 66 livres de la Bible, elle a traversé plus de 3000 ans de notre histoire pour arriver jusqu'à nous. Mais soyons sincères combien coute une Bible aujourd'hui ? Combien coute un commentaire biblique ? Combien coute un livre dérivé de la Bible ?

C'est comme la vente des indulgences au XVI e siècle, c'est un commerce lucratif. Pour citer pasteur Yves Charly Godiya dans sa série « **Les excès chrétiens** ».

Je parlais un jour avec une mère qui est allée rencontrer un homme de Dieu afin de solliciter la prière pour son fils souffrant, elle n'a pas pu bénéficier de la prière, parce que là-bas, il faut payer les frais de consultation ; payer pour voir le pasteur... l'argent, l'argent et encore l'argent.

Dans certaines Églises, il faut toujours accompagner sa demande d'une enveloppe. Alors, vous pouvez imaginer quelle peut-être la frustration des plus pauvres. Dans certaines Églises, on prêche plus sur l'argent que sur les autres sujets, il y a des pratiques pour gagner plus et beaucoup plus d'argent. Car on vend des copies de chants, on vent de l'huile, on vend des mouchoirs et des cailloux etc. On ne devrait pas conditionner de l'argent dans l'exercices des dons de Dieu. « Si je me réclame homme ou femme de Dieu, suis-je serviteur ou homme d'affaire » ?

La deuxième était employée pour forcer les âmes à obéir à l'Église et à ses pratiques diaboliques. La Bible nous enseigne qu'on doit obéir à Dieu plutôt qu'aux hommes (Ac 5.29).

Martin Luther prit conscience que la parole de Dieu transmet la vie, il a utilisé le thème latin ***SOLA SCRIPTURA***, c'est une expression latine qui signifie : ***Par l'écriture seule***. Ou encore la Bible est l'autorité ultime et unique à laquelle les chrétiens et l'Église se soumettent par la foi.

Pour Luther, la parole de Dieu n'est ni dépassé, ni moderne, elle est éternelle. L'une de ses devises était **« verbum dei manet in aeternum »** (la parole de Dieu demeure éternellement) et comme la parole de Dieu ne change pas, certainement à notre monde et ses grandes mutations cette parole possède toujours la même puissance.

Maintenant, jetons un petit coup d'œil sur un proche avenir d'une nouvelle réforme sociale et mondiale, on parle d'un tsunami de la révolution NBIC, nous avons accepté les moyens provoquant la réforme du XVIᵉ siècle à savoir des grandes découvertes. Aujourd'hui face aux échecs de la grande mission de l'Église, est-ce que l'Église moderne pourrait résister face à ce tsunami qui s'approche à pas géant ?

Levons les rideaux de l'ignorance face à la vitesse vertigineuse de ce tsunami, les nanotechnologies, les biotechnologies, l'informatique et les sciences cognitives « NBIC » désignant un champ scientifique multidisciplinaire qui se situe au carrefour :

Des nanotechnologies (N)
Des biotechnologies (B)
Des technologies de l'informatique (I)
Et des sciences cognitives (C)

Certains utilisent la notion de **« grande convergence »** pour souligner : L'interconnexion croissante entre l'infiniment petit (N), la fabrication du vivant (B), les machines pensantes (I) et l'étude du cerveau humain (C).

On se rappelle cette déclaration de l'un des chefs communistes : « Le communisme a été un mouvement populaire qui, au nom de la science, a inspiré…, l'espoir d'instaurer le royaume des cieux sur la terre ».

Ainsi, peut-on dire, si les hommes ont essayé de se créer un avenir, une espérance sans Dieu, c'est une partie, c'est normal, parce que trop souvent on leur a présenté un Dieu sans avenir, un christianisme sans Christ.

Où sont passées les méthodes de Jésus ? Jésus était sensible aux besoins de l'être tout entier, à savoir physiques, psychologiques, sociaux et spirituels de ceux qui les entourent et même ceux qui sont au loin.

Jésus notre divin modèle, il donne la priorité sur les individus, il ne les approchait pas avec des discours mémorisés, ni avec un programme d'évangélisation préfabriqué basé sur les prospérités, comme signes de bénédiction. Jésus le grand modèle par excellence a démontré un intérêt pour chaque être humain qu'il a rencontré. Il les a traités avec respect.

Voyons Jésus dans ses œuvres ! Il vivait ce qu'il enseignait. Jour après jour, il travaillait partout avec un sentiment de bienveillance à répondre d'une façon ponctuelle aux besoins des hommes et des femmes.

Voyons les résultats des impacts de la vie de Jésus sur les gens. Présentant son intérêt sincère, des milliers d'hommes, des femmes et des enfants ouvraient leur cœur à la divine influence du maître. C'est ainsi, ils désiraient ardemment recevoir le pardon, la délivrance de leurs fautes, et le pouvoir d'être libérés des habitudes qui les rendaient esclaves.

Le témoignage de la vie de l'Église ici-bas en ce XXI e siècle et le témoignage de la parole de Dieu sont mélangés. C'est une équation inexcusable face aux projets d'un avenir proposé par la science, connue et propulsée par les Transhumanismes.

Car le Transhumanisme est un mouvement culturel et intellectuel international prônant l'usage des sciences et des techniques afin d'améliorer la condition humaine, notamment par l'augmentation des capacités physiques et mentales des êtres humains.

Il est nécessaire de faire ici une distinction entre un besoin ultime, et un besoin ressenti. Pour la deuxième, soit le besoin ressenti, c'est une parcelle de vie d'une personne dans laquelle elle-même sent qu'elle a besoin d'aide. C'est un besoin perçu pour se débarrasser de son habitude.

Par contre un besoin ultime correspond à ce dont les êtres humains ont vraiment besoin en fin de compte.

Nous croyons que chaque personne sur cette planète a vraiment besoin le Dieu dans sa vie. Le besoin ultime de l'homme est de réconcilier avec son Dieu. Ainsi, l'Église doit marcher sur les traces de Jésus.

2.6. Les grandes religions du monde

D'après Augustin, la vraie religion est présente depuis les origines de l'humanité. Et la religion se conçoit ainsi comme une disposition présente dans toute l'humanité. Nous aimerions vous faire part de certaines vérités à propos de la religion dans le monde.

Plusieurs questions nous viennent tout naturellement, lorsqu'on évoque la question de la religion, et si nous évoquons la question sur l'origine des religions, tout de suite, nous nous référons à Muhammad, à Bouddha et à Jésus bien qu'ils soient regardés comme les fondateurs des grandes religions que nous connaissons aujourd'hui. Et l'époque coloniale qui a donné à Haïti le vaudou en tant que religion.

Le Judaïsme est la cinquième religion du monde, plus ancienne que le christianisme et l'islam. Les juifs croient en l'existence d'un Dieu créateur dénommé Yahvé, Dieu unique, et s'appuie sur un livre sacré appelé **Torah,** qui est une partie de l'Ancien Testament, avec les cinq premiers livres (Genèse, Exode, Lévitique, Nombres, Deutéronome).

Le judaïsme plonge ses racines dans la lignée **Abraham** (vers 2000 ans av. J.-C.), puis vint **Moïse** qui a pour responsabilité d'instruire le peuple juif selon les commandements de Dieu. Aujourd'hui c'est Israël. Il comptait plus de 15 millions dans le monde. La religion juive est monothéiste. Cependant, les juifs ne croient pas en Jésus. Voilà ce qui distingue le judaïsme du christianisme.

Le Bouddhisme est la quatrième religion la plus pratiquée. Elle comptait plus de 500 millions de croyants, appelés **bouddhistes**. Le bouddhisme est né en Inde vers 560 av. J.-C.

Les bouddhistes vénèrent la figure de Bouddha, de qui ils suivent les enseignements sur l'éthique et la morale pour atteindre l'illumination. C'est-à-dire, la religion bouddhiste est **une philosophie de vie.**

Nous connaissons que **Bouddha** était un prince, il fut ébranlé en découvrant autour de lui les souffrances qui régnaient dans la société hindouiste, alerte à partir d'un problème sectoriel.

L'hindouisme est la troisième religion du monde. Elle a près d'un milliard de pratiquants. C'est un ensemble de croyances transmises par orales puis par écrit, depuis plusieurs millénaires avant Jésus-Christ. Il n'y a pas de Dieu à proprement parler, mais un grand, auquel on ajoute une multitude de divinités. De ce fait, c'est une religion polythéiste. Ces croyants sont appelé **hindou**. On ne connait pas qui était à l'origine de cette religion.

Muhammad fut troublé par l'idolâtrie et la conduite immorale de son temps. Il affirme avoir reçu des révélations spéciales de la part de Dieu, appelé Allah. Ces révélations formèrent le **Coran**, donne naissance à l'Islam.

L'Islam est la deuxième religion mondiale, avec plus d'un milliard et demi de croyants, appelés **musulmans**. Elle fut fondée en Arabie Saoudite vers 570 après Jésus-Christ par **Mahomet**.

L'Islam est divisé en 3 branches : Le sunnisme, qui représente environ 90 % des musulmans, le chiisme qui représente environ 10 % des musulmans, et le l'ibadisme, qui représente par moins de 1 % des musulmans.

L'Indonésie est le plus grand pays musulman du monde, avec plus de 200 millions de musulmans. Bien que l'Islam soit souvent associé avec les pays Arabes, à cause de son lieu de naissance et le fait qu'il soit développé dans la langue arabe.

Le christianisme serait la première religion du monde, comptant près de 2 milliards et demi de croyants repartis sur toute la planète. Cette religion est née dans l'actuelle Palestine avec l'apparition de Jésus-Christ, Fils de Dieu venu pour sauver l'humanité. Il est le prolongement du Judaïsme.

Cette religion s'appuie sur un livre sacré dénommé la **Bible**, constituée de l'ancien Testament et du nouveau Testament. Le christianisme est divisé en trois branches : Le catholicisme, le christianisme orthodoxe et le protestantisme.

Aujourd'hui, on nous dit : « 50 % des chrétiens seraient catholiques, 37 % sont des protestants et 13 % seraient orthodoxes ». Il existe également dans ces 3 branches de nombreux courants, les anglicans, les luthériens, les pentecôtistes, les témoins de Jéhovah, les baptistes, les méthodistes, les évangélistes etc.

Si c'est après la mort de Jésus à Antioche que les disciples de Jésus furent appelés **chrétiens**, parce qu'ils vivaient comme Jésus, pourquoi, aujourd'hui, il y a autant de religions chrétiennes ? Jetons un coup d'œil dans la Bible sur la vie de Jésus afin de voir qui est chrétien ou qui ne l'est pas.

Ce n'est plus un secret pour personne que la Bible constitue, en soi, le livre prophétique le plus fiable qui soit. Regardons plus près quelques faits prophétiques concernant la nation d'Israël :

1- Sa possession du pays de Canaan, devenu l'Israël d'aujourd'hui (Ge 15.18-21).

2- Son séjour en Égypte et son exode hors de ce pays (Ge 15.13-16).

3- Son exil à Babylone (Je 25.1-14). Son retour de cet exil (Je 30.3).

4- La destruction du temple en l'an 70 ap. J.-C. (Mt 24.1,2).

5- La naissance de la nation juive (Ez 37), cet événement grandiose a effectivement eu lieu le 14 mai 1948 avec la proclamation solennelle de l'existence de l'état d'Israël en tant que nation juive.

D'où la Bible dit vrai, on le voit, un grand nombre de ses déclarations prophétiques se sont déjà accomplies. À propos de Jésus, (le Messie sera de la descendance de la femme) (Ge 3.15). Ces paroles ont été rapportées par Moïse l'auteur du livre de la Genèse entre 1450-1400 avant la naissance de Jésus.

Lorsque le moment fixé par Dieu est arrivé, il a envoyé son Fils, né d'une femme et placé par sa naissance sous le régime de la loi (Ga 4.4).

Pour la vérité, les grands prophètes d'Israël, tels que : Ésaïe, Jérémie, Ézéchiel sont absents du Coran, vous savez pourquoi ? Sans doute parce qu'ils commentent la venue du Messie, d'où la conjugaison : Fait chair, soit Dieu fait Homme, notre Seigneur Jésus-Christ.

Jésus n'a pas choisi sa généalogie, ni le lieu de sa naissance. On avait évalué Jésus à 30 pièces d'argent, selon la prophétie de Zacharie (Za 11.12,13).

À noter cette fameuse parole de Jésus : Ne croyez pas que je sois venu abolir la loi et les prophètes, je ne suis pas venu les abolir mais les accomplir (Mt 5.17).

À présent nous vous proposons huit (8) manières d'identifier le Messie, selon les Écritures de la Bible :

1. Le lieu de sa naissance (Mi 5.2).
2. L'époque de sa naissance (Da 9.25).
3. La façon de sa naissance (Es 7.14).
4. Sa trahison (Za 11.12,13).
5. Le comportement des gens envers lui (Ps 22.7).
6. Sa crucifixion (Za 12.10).
7. La façon de sa mort (Ps 22.16-18).
8. Son ensevelissement (Es 53.7).

Citons le Dr Peter Stoner, dans la revue « science speack » qui a calculé que les probabilités qu'une personne accomplisse juste ces huit prophéties sont de 1 sur 100, 000, 000, 000, 000,000.

Voyons maintenant quelques prophéties concernant la fin de la vie missionnaire de Jésus :

1. Arrivé à Jérusalem sur le dos d'un ânon (Za 9.9 ; Jn 12.12-15 ; Mt 21.8-11).

2. Rejeté des siens (Es 53.3 ; Jn 1.10 ; 12.37-42).

3. Silencieux devant ses accusations (Es 53.7 ; Mc 15.5).

4. Les soldats se partagent ses vêtements (Ps 22.17 ; Jn 19.23,24).

5. Cloué sur le bois (Ps 22.17 ; Es 53.5 ; Lu 24.39 ; Ga 3.13).

6. Aucune de ses os n'a été brisé (No 9.12 ; Jn 19. 31-37).

7. Mort comme sacrifice pour nos péchés (Es 53.5-7 ; 1Pi 2.24).

8. Enseveli dans la tombe d'un homme riche (Es 53.9 ; Mt 27.57-60).

9. Ressuscité (Ps 16.10 ; Mt 28.6 ; Ro 6.8-11).

10. Assis à la droite de Dieu (Ps 110.1 ; He 10.12 ; Ac 2.32-36).

Réf. Source, Debbie Me Daniel, Crusswalk.

Jésus est souverain, aucune unité de mesure ne peut définir son amour infini (Jn 3.16), il est immuable et éternellement, sa grâce est éternelle, sa puissance est majestueuse, sa miséricorde est impartiale.

Jésus est le plus grand phénomène n'ayant jamais franchi l'horizon de ce monde, oui il est le Fils de Dieu, celui même le sauveur du pécheur demander à la femme adultère !

Jésus est la véritable pièce maîtresse de la civilisation, Jésus est incomparable, il est sans précédent, il est en soi l'idée la plus élevée de la littérature, c'est la personnalité dominante de la philosophie, il est également la doctrine fondamentale réelle de la théologie.

Jésus est l'unique désigné à être le sauveur absolu, il procure la force aux faibles, il sympathise et il sauve, il fortifie et soutient, il guérit le malade, il purifie le lépreux, il pardonne le pécheur, il acquitte les débiteurs, il délivre les captifs, il est le défenseur du faible, il bénit la jeunesse, il se met au service du malheureux, il est la clé de la connaissance, il est la source de la sagesse, il est le sentier de la délivrance et de la paix. Jésus est le véritable chemin de la droiture. C'est aussi la grande route menant à la sainteté, la porte menant à la gloire.

Quelle créature ! Sa vie n'a pas d'égal, sa bonté est sans limite, sa miséricorde dure à toujours, son amour ne change pas, rassasiante est sa parole, suffisante est sa grâce, son règne est vertueux, son joug est facile, son fardeau est léger.

On ne finira jamais à le décrire, mais on sait qu'il est : Indescriptif, humainement incompréhensible, invincible, irréversible, impossible pour vous de l'éliminer de vos pensées et d'échapper de ses mains, impossible de survivre sans lui ni de vivre sans lui !

Tandis que les pharisiens ne pouvaient pas le supporter sans contre façon, il ne pouvait pas l'arrêter,

Pilate n'a trouvé aucune faute en lui, Hérode ne pouvait pas l'éliminer, la mort ne pouvait le gérer, impossible pour le tombeau de le retenir. Amen ! Jésus est le plus grand phénomène n'ayant jamais traversé l'horizon de ce monde. (Cf. Église gospel Dr S.M)

Malheureusement ceux qui disent être chrétiens ne connaissent pas Jésus dans toute sa dimension. Les religions chrétiennes du monde ont échoués. Elles sont très loin d'être sur les traces de Jésus.

Dans Review and Herald, du 12 novembre 1895 l'auteur a signalé une très bonne idée : ... c'est l'exercice de la piété de la sympathie et de l'amour au foyer, dans l'Église et dans le monde. C'est cette sorte de religion qu'il faut enseigner aux enfants. Car, c'est la véritable religion. Vous connaissez ce texte : La religion pure et sans tache envers (notre) Dieu et (notre) Père, c'est de visiter les orphelins et les veuves dans leurs afflictions, et de se conserver des souillures de ce monde (Ja 1.27) version Martin Bible.

Rappelons ces injonctions de Dieu :

* Le Père des orphelins, le défenseur des veuves, c'est Dieu dans sa demeure sainte (Ps 68.5).

* Ces yeux ne sont pas capables de voir la méchanceté de nos actions (Es 1.16,17).

* Voici le jeûne auquel Dieu prend plaisir, détache les chaines de la méchanceté, dénoue les liens de la servitude, renvoie libre les opprimés, et que l'on rompe toute espèce de joug (Es 58.6,7).

Sans la fidélité aux enseignements du divin Maître, sans l'obéissance aux commandements de Dieu, sans une expérience spirituelle personnelle, nous n'aurons que l'apparence de la piété, mais reniant ce qui en fait la force.

Dieu met en garde son Église qu'il se lèvera de faux Christ et de faux prophètes (Mt 24.24). Car il viendra un temps où les hommes ne supporteront pas la sainte doctrine ; mais ayant la démangeaison d'entendre des choses agréables, ils se donneront une foule de docteurs selon leurs propres désirs, ils détourneront l'oreille de la vérité et se tourneront vers les fables (2Ti 4.3,4).

Il affirme dans le livre de Matthieu les mots qui suivent : Plusieurs faux prophètes se lèveront, et ils séduiront beaucoup de gens (Mt 24.11). Les faux prophètes de nos jours se vantent d'apporter une nouvelle révélation supérieure à l'enseignement de Jésus.

Aujourd'hui, nous faisons face à un évangile de prospérité. Par exemple, citons Pierre Lanarès dans son livre qui s'intitule : Qui dominera le monde ? Il s'agit du spiritisme, qui fait des ravages chaque jour plus considérable, détachant les chrétiens de la foi véritable et de l'évangile.

Mais l'Esprit dit expressément (ici, le mot expressément vient de confirmer que c'est un message très important) que, dans les derniers temps (là encore c'est une précision chronologique), quelques un abandonneront la foi, pour s'attacher à des esprits séducteurs et à des doctrines de démons (1Ti 4.1).

À noter que, notre époque se singularise par la multiplication des cultes démoniaques. Il est impossible, en effet d'être à la fois chrétien et spiritiste. Car nul ne peut servir deux maîtres à la fois (Mt 6.24). Prenez garde que personne ne fasse de vous sa proie (Col 2.8).

On considère un nombre très élevé d'abandon de la véritable religion pour diverses raisons. On dit souvent la religion nous a déçus, elle est trop exigeante, elle nous rend trop dépendants, elle nous impose des règles de vie auxquelles nous ne voulons pas nous soumettre.

La première conséquence de cet abandon, c'est l'impression d'un vide qui fait dire n'importe quoi sur la religion. Si donc, la religion, par le biais de ses officiers, ne remplit pas son rôle, les docteurs doivent fournir une science et une philosophie de substitution.

Aujourd'hui, les chrétiens doivent sentir interpellés. On démasque également un christianisme qui n'a pas réalisé sa vérité, la feuille de route que Jésus avait donnée, elle a été falsifiée et même remplacée.

Les deux signes distinctifs de la vraie religion :

1. C'est d'aimer Dieu de tout son cœur, de toute son âme et de toute sa pensée (Mt 22.37).

2. C'est d'aimer son prochain comme soi-même (Mt 22.39).

La plus grande religion ne doit pas quantitativement mais plutôt qualitativement refléter la gloire de Dieu sur la terre.

Citation : La religion pure et sans tache n'est pas un sentiment, mais l'accomplissement d'actes de miséricorde et d'amour. Cette religion est nécessaire à la santé et au bonheur. Elle pénètre dans le temple souillé de l'âme et en chasse le péché. Elle sanctifie tout par sa présence, illuminant le cœur par les brillants rayons du soleil de justice... Elle apporte avec elle la sérénité et le calme, la force physique, mentale et morale s'accroit. Parce que l'atmosphère céleste est un agent actif qui remplit l'âme (Réf. Review Herald 15 oct. 1901).

Ce qui est triste au sein du christianisme, c'est qu'il y a plusieurs sous embranchements qui n'acceptent pas Jésus comme sauveur et pourtant ils font partie de celui-ci. Et, il y a plusieurs qui parlent de Jésus rien que pour masquer les gens. Au fond, on ne voit pas la volonté de Jésus dans tous ceux qu'ils font. Quel contraste !

On ne peut pas parler du christianisme sans Christ. Après la mort de Jésus, ce ne sont pas les disciples qui se dénommaient chrétiens, mais ce sont les gens du dehors, en voyant leur façon de vivre qui ressemblait à celle de Jésus. Et depuis lors, on appelle les gens qui vivaient comme Jésus-Christ, **chrétiens.**

De ce fait, si vous voulez êtes chrétiens, ne rentrez pas dans une dénomination qui fait partie du christianisme, mais rentrez là où vous voyez les traces de Jésus. Car le prophète Ésaïe nous a dit : « À la loi et au témoignage ! Si l'on ne parle pas ainsi, il n'y a point d'aurore pour le peuple » (Es 8.20). Vous serez errants.

Le christianisme ne peut-être divisé, il est unique. Toutes les autres branches qui ne suivent pas les traces de Jésus, font partie de la fausse religion. Car Jésus a dit : « Si un royaume est divisé contre lui-même, ce royaume ne peut subsister » (Mc 3.24). De ce fait, en parlant de la division et de la subdivision du christianisme est une invention de l'ennemi pour nous induire en erreur.

C'est pourquoi Jésus continue pour dire : « Ceux qui me disent Seigneur, Seigneur ! N'entreront pas tous dans le royaume des cieux, mais celui-là seul qui fait la volonté de mon Père qui est dans les cieux » (Mt 7.21). Et la Bible nous a dit clairement quelle est la volonté de Dieu. Pas besoin de chercher de midi à quatorze heures.

Gardez-vous des faux prophètes, des faux pasteurs, des faux prêtres, des faux évangélistes. Ils viennent à vous en vêtements de brebis, mais au-dedans ce sont des loups ravisseurs. Vous les connaitrez par leurs fruits (Mt 7.15,16).

Un petit rappel, vous faites appeler chrétiens ne fait pas de vous un chrétien pour autant. Mais, en vivant comme Jésus, là, vous serez un chrétien. Car le mot chrétien n'est pas un nom propre ou un nom commun, **mais un mode vie**.

Étant donné qu'on est en Haïti, on ne peut pas parler de religion sans tenir contre du vaudou.

Le vaudou est une religion originaire de l'ancien royaume du Dahomey (Afrique de l'ouest). Cette religion d'ordre cosmique est issue des cultes animistes africains. Le culte vaudou compte environ 50 mille pratiquants, appelé **vaudouisants**.

C'est à partir du XVII e siècle que, les noirs capturés, réduits en esclavage, originaires de cette région d'Afrique répandirent le culte vaudou aux caraïbes et en Amérique. Le vaudou se présente sous différentes formes à Cuba, en Haïti, au Brésil, aux États-Unis, en Louisiane ; en Afrique du nord, au Maroc, au Canada, en Allemagne, en France etc.

Le vaudou est le fondement culturel des peuples qui sont issus par migrations successives. Il désigne donc l'ensemble des dieux ou des forces invisibles dont les hommes essaient de se concilier la puissance ou la bienveillance.

Étant donné que le vaudou est un culte à l'esprit du monde de l'invisible. À chaque ouverture, le prêtre vaudou demande l'aide de l'esprit de **papa legba** pour ouvrir les portes des deux mondes.

On nous a dit que le vaudou peut-être décrit comme une culture, un héritage, une philosophie, un art, des danses, un langage, un art de la médecine, un style de musique, une justice, un pouvoir, une tradition orale et des rites.

Dans ce cas, on doit être prudent quand on est chrétien pour ne pas pratiquer le vaudou sans se rendre compte. Pour éviter cela, vous devez lire les écrits de la Bible. Car, c'est la boussole des chrétiens.

La culture vaudou se caractérise par les rites d'incorporation (possession volontaire et provisoire par les esprits), les sacrifices d'animaux, la croyance aux morts **(Zombis)** et en la possibilité de leur création artificielle, ainsi que la pratique de la sorcellerie sur des poupées à épingles.

La pratique de leur religion et culture était interdite par les colons, passible de mort ou d'emprisonnement, par conséquent, le culte se faisait en secret pendant la nuit.

Le vaudou a cependant intégré les rites et conceptions catholiques, le rendant ainsi acceptable. Ainsi est né le vaudou chrétien. Ce qui est hilarant ! On ne peut pas être lumière et ténèbre à la fois.

Dans les années 1950, le Vatican a fait la paix avec le culte vaudou. Le vaudou a perduré et ses pratiquants affichent sans craintes leur croyance.

À remarquer un fait important : Qui se ressemble s'assemble. Les loups ne peuvent pas cohabiter avec les brebis dans ce monde où le péché domine. Jamais ! Sur la nouvelle Jérusalem, oui !

Il y a un fait important qu'on ne doit pas passer sans dire un mot, nos ancêtres ont pratiqué le vaudou pour combattre l'esclavage en 1804, pourtant, jusqu'à cette présente minute en 2020, les pratiquants du vaudou ont un phénomène dénommé la zombification.

Or, la zombification est un phénomène par lequel les sorciers (les **boko**) prétendent pouvoir tirer de leur tombe les morts pour en faire des esclaves, sous le nom de **zombis**. Et elle consiste à enlever le bon sens de quelqu'un après sa mort. Pour qu'ils puissent travailler dans des plantations et autres comme esclave sans recevoir un sou.

Les zombis sont des victimes des hougans ou des prêtres vaudou ; ils ont une démarche raide, une voix nasillarde et le regard hagard. En Haïti, il n'y a pas mal de ces gens-là.

La croyance veut que le zombi ne soit jamais alimenté en sel par son maître sorcier, de peur que celui-ci ne voie son esclave instantanément **dézombifié**. Et ces zombis sont des haïtiens.

Le zombi peut-être vendu. Parfois, à la mort du maître, les zombis errent dans les campagnes, où ils sont nourris par charité, dans le but de s'éloigner au plus vite.

La grande question qui me vient à l'esprit concernant le vaudou : Est-ce vrai que les pratiquants du vaudou en Haïti sont pour la liberté de ce peuple ? On dirait que la période coloniale pour le peuple haïtien se présente sous une autre forme appelée « **vaudou** ».

2.7. Œcuménique

Par définition, l'œcuménique est un mouvement interconfessionnel qui vise à promouvoir des actions communes entre les divers courants du christianisme, en dépit de leurs indifférences doctrinales.

Il y a une autre définition importante, c'est une tendance idéale à vouloir l'union entre toutes les personnes professant des idéologies différentes.

Il existe une contradiction flagrante entre la première et la deuxième définition. La première donne le bon côté de ce grand mouvement. La Bible nous enseigne dans le livre aux Éphésiens : Il y a un seul

Seigneur, une seule foi, un seul baptême (Ep 4.5). Et nous poursuivons cette idéologie dans le chapitre quatre (4) du même livre, au verset 13 : Jusqu'à ce que nous soyons tous parvenus à l'unité de la foi et de la connaissance du Fils de Dieu (Jésus), c'est nous qui soulignons, à l'état d'homme fait, à la mesure de la stature parfaite de Christ. Ainsi, nous, nous sommes d'avis de cette unité car Christ est l'épicentre du christianisme avec ses recommandations faites aux premiers chrétiens du premier siècle.

Jésus savait bien l'existence de cette diversité. C'est pourquoi dans la prière sacerdotale il a fait cette injonction « Afin que tous soient un, comme toi, Père, tu es en moi, et comme je suis en toi, afin qu'eux aussi soient un en nous, pour que le monde croit que tu m'as envoyé (Jn 17.21).

C'est très rassurant, l'unité est la marque fabrique du christianisme. Maintenant, la seconde définition interpelle notre attention sur des textes bibliques conditionnels :

* Si quelqu'un détourne l'oreille pour ne pas écouter la loi, sa prière même est une abomination (Pr 28.9).

* Si quelqu'un vient à vous et n'apporte pas cette doctrine, ne le recevez pas dans votre maison, et ne lui dites pas : Salut ! Et il continue pour dire : Car celui qui lui dit : Salut ! Participe à ses œuvres mauvaises. Le chrétien est une personne bien avisée, avec ses balises

placées partout. Ne prenez point part aux œuvres infructueuses des ténèbres mais plutôt condamnez-les (2Jn 1.10,11).

Paul a également averti le jeune Timothée de faire attention et de ne pas confondre vitesse avec précipitation, en disant : « N'impose les mains à personne avec précipitation, et ne participe pas aux péchés d'autrui ; toi-même, conserve-toi pur, et il ajoute ces paroles : Sortez du milieu d'eux, et séparez-vous, dit le Seigneur… » (2 Co 6.17).

Lorsque nous considérons ce qui se passe autour de nous les différents groupes ou croyants tels que les athées, les panthéistes (ceux qui croient en plusieurs dieux), tandis que nous vivons dans un monde où les religions sont en train de s'unir, et dans ce même monde, les nations rejettent les principes et les enseignements de Dieu en plein midi. Ces mêmes religions pratiquent des actes abominables contraires à la parole de Dieu, tandis que nous y sommes participants à ces décisions démoniaques.

C'est pourquoi, le psalmiste David nous met en garde aux mauvaises compagnies, en disant : « Heureux l'homme qui ne marche pas selon le conseil des méchants, qui ne s'arrête pas sur la voix des pécheurs, et qui ne s'assied pas en compagnie des moqueurs » (Ps 1.1).

Un vrai chrétien, un chrétien authentique sous aucun prétexte ne s'assied pas auprès de ceux qui piétinent la parole de Dieu. On devrait être fidèle et obéissant aux principes établis par Dieu pour réguler ses créatures créées selon son bon plaisir.

Un peu plus loin, le vieux dicton stipule : L'image d'un panier de fruits où un seul abimé provoque la contamination des autres. L'apôtre Paul a abondé en ce sens, en disant : « Ne vous y trompez pas ; les mauvaises compagnies corrompent les bonnes mœurs » (1Co 15.33).

Parmi les sectes qui forment les religions-unies, il y en a ceux qui s'inspirent l'idée du bien-être de l'homme sans Dieu, ils admettent un christianisme sans Christ. Voilà pourquoi Nietzsche avait annoncé la mort de Dieu, et cette mort deviendra une certitude absolue pour Jean Paul Sartre qui met tout homme en mode de possession de ce qu'il est. Ainsi, il rejette toute intervention de Dieu dans la vie de l'homme. Tandis que les chrétiens authentiques disent à l'instar du Psalmiste : « Dieu est pour nous un refuge et un appui, un secours qui ne manque jamais dans la détresse » (Ps 46.2).

Notre monde est en grande mutation, ou c'est plutôt une transition vertigineuse ; le concept œcuménique a été substitué par ce grand mouvement moderne financé par les Nations-Unies et porte le nom de religions-unies.

Nous savons qu'il existe un système religieux puissant et dominateur ayant le pouvoir sur la majorité des religions du monde entier. Dans un avenir proche, ce pouvoir rassemblera toutes les religions, afin de concrétiser son rêve : Il espérera changer les temps et la loi (Da 7.25).

L'histoire récente prouve une véritable dépendance des religions du monde sous l'influence d'un pouvoir totalitaire.

La réforme fut une révolution ; en affichant ses 95 thèses sur la porte de l'Église du château de Wittenberg en Allemagne, où Martin Luther lança le mouvement de la réforme protestante du XVI ᵉ siècle. Cette révolution donna naissance à une nouvelle philosophie et une nouvelle théologie de la communication directe avec Dieu, par contre, en 2017 les protestants du christianisme commémorent le 500ᵉ anniversaire de la réforme protestante, si bien dit, vous n'avez pas besoin de lunettes pour voir ce qui se passe autour de nous en ce XXI ᵉ siècle.

À la fin du mois d'octobre de l'année commémorant le 500ᵉ anniversaire de la réforme protestante, le pape François s'est rendu en Suède pour une commémoration œcuménique de la réforme, et le cardinal Kurt Koch, président du conseil pontifical pour la promotion de l'unité des chrétiens, s'est rendu à Strasbourg pour une intervention spéciale dans le cadre du programme proposé par l'union des Églises protestantes d'Alsace et de Lorraine (UCPAL), l'Allemagne a célébré dans la ville de Luther le 500e anniversaire de la réforme, marqué sur un appel commun au pardon et à l'unité des protestants et des catholiques après des siècles de rivalité souvent vident.

D'après LE POINT, le Vatican et la fédération Luthérienne mondiale, dans un rare communiqué conjoint ; ont annoncé : Nous avons demandé pardon pour nos échecs et pour la manière dont les chrétiens ont blessé le corps du Seigneur et se sont offensés mutuellement.

En réponse, le chef de l'Église protestante d'Allemagne a remercié le Pape pour ce geste lors de la cérémonie organisée dans la cité allemande de Saxe-Anhalt où eut lieu la révolution luthérienne, il y a un demi-millénaire, Wittenberg.

On se rappelle que le 7 juillet 1415 le prédicateur Tchèque, Jean Hus, (44 ans) est brulé vif à constance, en Allemagne. Quel scenario ! Composé de membres de clergé de curé et d'homme munis de pics et de perles, le groupe entra dans le cimetière de la paroisse St Mary à Lutterwort, en Angleterre, animé d'un esprit de vengeance, soit 43 ans après l'inhumation de Jean Wiclef, et les livra aux flammes. N'ayant pas réussi à exécuter Wiclef pendant sa vie, la papauté était farouchement déterminée à disposer de son corps après sa mort. À noter, on récupéra ses cendres et les jeta à la rivière, espérant ainsi qu'il ne resterait aucune trace de l'homme ou de son œuvre.

De la même manière, après 500 ans d'histoire du protestantisme, le Vatican a éclipsé la mémoire de Martin Luther. À quoi sert la réforme ? D'abord cinq cents ans après, les reliques existent encore.

L'œcuménisme est une initiative humaine inspirée par satan avec l'objectif de réunir toutes les religions en une seule grande religion. Cette idée vise à bannir, à saper la vraie religion. Car, le vrai ne se mélange pas avec le faux.

Et, c'est cette démarcation qui va déclencher la grande persécution. On va accuser les fidèles de la vraie religion d'êtres ceux qui attirent le mal sur le monde. **L'œcuménisme est une œuvre diabolique**.

2.8. Le syncrétisme du christianisme

Le syncrétisme religieux est un mélange des éléments de plusieurs religions. Par exemple dans le christianisme, il s'est introduit plusieurs éléments de religion, tels que le vaudou, la religion grecque et romaine.

Les grandes puissances d'alors, telles que le Portugal, l'Espagne et la France ont colonisé le monde et ont forcé les gens à se christianiser en apparence. Jésus et ses disciples n'ont jamais forcé les gens à accepter leurs doctrines. Le pur christianisme est pacifique. Ces puissances ont maquillé un christ et l'ont présenté au monde sous la menace de l'épée.

Les indigènes, par craintes de mort, ont fait semblant d'être chrétiens, mais dans leur esprit, ils adoraient les dieux de leurs ancêtres. Les descendants, quant à eux, qui n'ont pas compris les subterfuges des ancêtres, ont mélangé la religion de leur père avec celle apporté par les colons. D'où le syncrétisme.

Jusqu'à aujourd'hui, ce genre de pratique continue malgré tous les efforts de nombreux pasteurs et évangélistes. Les gens qui se disent chrétiens en Haïti n'abandonnent pas les pratiques du vaudou. Parce que ces grands-parents ou ces parents ont été des pratiquants du vaudou. Ils ont oublié que la lumière ne se mélange pas avec les ténèbres. Et quand on accepte Jésus, on rentre dans une nouvelle et vraie famille de Dieu.

Quand on fait partie de la famille de Dieu, on ne donne pas de l'importance aux esprits des ancêtres, mais plutôt, on se laisse guider par l'Esprit de Dieu « **ESPRIT-SAINT** ».

Le pur christianisme se trouve dans la Bible, car cette dernière est là pour nous instruire, pour nous convaincre, pour nous corriger et pour nous guider à travers les enseignements des apôtres et de Jésus-Christ qui est la pierre angulaire.

2.9. Quelle religion a connue Jésus ?

La religion du Père est celle que connait Jésus. Il l'a vécu en tant qu'humain et a enseigné les autres à faire de même. Il a dit dans le livre de Matthieu : « Ne croyez pas que je sois venu pour abolir la loi et les prophètes. Je suis venu non pour abolir, mais pour accomplir…, si votre justice ne surpasse celle des scribes et des pharisiens, vous n'entrerez pas dans le royaume des cieux » (Mt 5.17-20).

Jésus a dit à la femme samaritaine : Vous adorez ce que vous ne connaissez pas ; nous, nous adorons ce que nous connaissons, car le salut vient des Juifs.

Mais l'heure vient et elle est déjà venue, où les vrais adorateurs adoreront le Père en esprit et en vérité ; car ce sont là les adorateurs que le Père demande (Jn 4.22,23).

Jésus ne cherchait pas à accomplir sa volonté, mais la volonté de celui qui l'a envoyé. Il y a un autre qui rend témoignage de Jésus, et Jésus sait que le témoignage est vrai (Jn 5.30-32).

C'est pourquoi Jésus eut à dire : « Vous sondez les Écritures, parce que vous pensez avoir en elle la vie éternelle ; ce sont elles qui rendent témoignage de moi » (Jn 5.39).

Et Jésus continue pour dire : « Si vous croyiez Moïse, vous me croirez aussi, parce qu'il a écrit de moi » (Jn 5.46).

Lorsque les Juifs voulaient connaître la doctrine de Jésus, et Jésus leur répondit : « Ma doctrine n'est pas de moi, mais de celui qui m'a envoyé. Si quelqu'un veut faire sa volonté, il connaitra si ma doctrine est de Dieu, ou si je parle de mon chef » (Jn 7.15-17).

C'est la raison pour laquelle Jésus a dit : « Quand vous aurez élevé le Fils de l'homme, alors vous connaitrez ce que je suis, et que je ne fais rien de moi-même, mais je parle selon ce que le Père m'a enseigné » (Jn 8.28).

En lisant les quatre évangiles, vous allez voir que Jésus observa toujours la loi de Dieu. Et c'est la raison pour laquelle, il n'a point commis de péché. C'est pourquoi Jésus eut à dire : « Quiconque a entendu le Père et a reçu son enseignement vient à moi » (Jn 6.45).

Sans nul doute, vous allez dire : Où trouvons-nous l'enseignement du Père, afin de l'appliquer comme Jésus faisait lorsqu'il était sur la terre ? La réponse est facile, l'enseignement du Père se trouve dans la **Sainte Bible** que vous trouvez partout. C'est pourquoi l'apôtre Paul nous a dit : « Toute Écriture est inspirée de Dieu, et utile pour enseigner, pour convaincre, pour corriger, pour instruire dans la justice, afin que l'homme de Dieu soit accompli et propre à toute bonne œuvre » (2Ti 3.16,17).

En parlant de toute Écriture, ce sont les écrits de la **Sainte Bible** : Vous connaissez les saintes lettres, qui peuvent vous rendre sages à salut par la foi en Jésus-Christ (2Ti 3.15).

Si vous voulez suivre Jésus, vous devez connaître Jésus et marcher sur les traces de Jésus, tout en pratiquant la religion de Jésus, non la religion des hommes ou de vos ancêtres.

Car l'apôtre Jean déclare : « Quiconque va plus loin et ne demeure pas dans la doctrine de Jésus-Christ n'a point Dieu ; celui qui demeure dans cette doctrine a le Père et le Fils » (2Jn 1.9).

2.10. L'homme face à la religion

De nos jours, nous avons tendance, lors des réunions ou cultes d'adoration, de prendre tout le temps, pour régler les affaires de l'Église. Parfois, on a l'impression d'être dans un bureau de travail ou dans ses affaires. La pensée de Dieu est absente. L'Église devient Dieu.

Pour des raisons politiques, l'homme fabrique sa propre religion, ou, la religion subit la perversion de l'homme. C'est pourquoi, dans l'Apocalypse on voit qu'au fur et à mesure, l'Église perd sa blancheur pour devenir blême.

C'est le Christ qui doit être adoré et exalté. Ce n'est ni la religion ni l'Église. On peut parler de n'importe quelle façon de Dieu, on s'en fout. Mais on ne peut pas parler de n'importe quelle façon de la religion de celui qui se dit chrétien. Hélas !

Dieu peut se défendre lui-même, mais la religion ne peut pas se défendre. C'est pourquoi ils se sont transformés en défenseurs ou protecteurs de la religion. Ce qui est faux ! Et c'est pourquoi la religion a causé beaucoup de tort à l'humanité entière et entraine beaucoup de guerre, au lieu d'être un outil utile à l'humanité.

En ce sens, Paul dit : « Prenez garde que personne ne fasse de vous sa proie par la philosophie et par une vaine tromperie, s'appuyant sur la tradition des hommes, sur les principes élémentaires du monde et non sur Christ » (Col 2.8-10).

Car en lui habite corporellement toute la plénitude de la divinité. Vous avez tout pleinement en lui, qui est le chef de toute domination et de toute autorité (Col 2.9,10).

Pour le chrétien, la religion est un élément dans l'ensemble, et l'ensemble est représenté par Dieu. Pour que tout marche bien, la religion doit rester à sa place. Ce n'est pas la religion qui dicte les règles mais Dieu lui-même.

C'est la raison pour laquelle, il est écrit : « Que personne, sous une apparence d'humilité et par un culte des anges, ne vous ravisse à son gré le prix de la course, tandis qu'il s'abandonne à ses visions, il est enflé d'un vain orgueil par ses pensées charnelles, sans s'attacher au chef… » (Col 2.18,19).

L'homme de nos jours a fait de la religion son Dieu. Il marche sur les dictées de la religion non sur la volonté de Dieu. Même les gens qui se disent chrétiens exaltent leur religion en lieu et place du Christ.

Quelle que soit votre religion, à partir d'aujourd'hui, si voulez suivre Christ avant de pratiquer les dictées qu'imposent les dirigeants, vérifiez-les avec votre **Bible** afin de voir si cela vient de Dieu ou des hommes. Faites comme les gens de Berée (Ac 17.11).

La religion n'est pas au-dessus de Dieu. Rien n'est comparable avec Dieu. Et elle ne peut pas remplacer Dieu. De ce fait, vous devez faire attention, pour ne pas tomber dans ce piège, en obéissant à la religion et non à Dieu. Sauf si vous ne voulez pas servir le vrai Dieu.

Conclusion

Après le péché l'homme chercha à se satisfaire soi-même, il voulait son indépendance vis-à-vis de Dieu. Et c'est à travers le culte offert par Caïn et Abel à Dieu que nous trouvons les deux formes de religions du monde. L'une pure et sans tache, l'autre, tachée d'égoïsme, d'autosuffisance.

Nous observons que Dieu a agréé le sacrifice d'Abel, mais Il a rejeté celui de Caïn. Depuis lors, rares sont les hommes qui ont suivi la voie d'Abel. Ils ont suivi plutôt la voie de Caïn, le rebelle.

Dieu est intervenu à plusieurs reprises pour rétablir son vrai culte. Mais le cœur de l'homme est tortueux, il ne peut pas suivre le droit chemin. Les hommes sont devenus stupides ou insensés et chacun suit sa propre voie. Chacun fait ce qui lui plait ; et l'homme est tournoyé dans un monde de religion. Telle est l'astuce créée par satan pour perdre l'homme.

L'ennemi a rempli l'espace vide qui est dans l'homme par la religion. La multiplication de religion dans le monde est une œuvre de satan.

Ce qui est intéressant, Jésus nous donne le comment, le savoir-faire dans le livre de Matthieu, soit les chapitres cinq et six. Car il ne fait rien sans avertir ses enfants (Am 3.7).

L'apôtre Paul nous a mis en garde en disant : « Il viendra un temps où les hommes ne supporteront pas la sainte doctrine ; mais, ayant la démangeaison d'entendre des choses agréables, ils se donneront une foule de docteurs selon leurs propres désirs, détourneront l'oreille de la vérité, et se tourneront vers les fables. Mais vous, soyez sobre en toutes choses… » (2Ti 4.3-5).

Car plusieurs séducteurs sont entrés dans le monde, qui ne confessent point que Jésus-Christ est venu en chair. Celui qui est tel, **c'est le séducteur et l'antéchrist.** Prenez garde à vous-même, afin que vous ne perdiez pas le fruit de votre travail, mais vous receviez une pleine récompense (2Jn 1.7,8).

C'est en Jésus que les chrétiens auront la vie éternelle, et c'est lui qui est le Dieu véritable (1Jn 5.20). Celui qui dit qu'il demeure en Jésus doit marcher aussi comme il a marché lui-même (1Jn 2.6). Dans le cas contraire, vous êtes un **crétin**.

En Haïti, tout le monde veut être nommé chrétien, même les vaudouisants. Une chose est sûre : À un signal donné, à la voix d'un archange, et au son de la trompette de Dieu, les chrétiens (vivants et morts) seront tous ensemble enlevés sur des nuées, à la rencontre du Seigneur Jésus-Christ, et nous seront toujours avec le Seigneur Jésus (1Th 4.16,17).

Que celui qui a des yeux pour voir, voient. Que celui qui a de l'intelligence pour comprendre, comprenne. Et que celui qui a des oreilles pour entendre, entendent.

Questions

1- En tant que religieux, quelle est votre participation du point de vue social dans votre quartier ?

R--

2- À quelle Église vous voulez appartenir ?

R--

3- Savez-vous que l'Église de Dieu est dirigée par Dieu lui-même ?

R---

4- Savez-vous que **la Sainte Bible** est la boussole d'un chrétien ?

R---

5- La réforme a-t-elle une importance pour vous ?

R---

6- Laquelle de ces grandes religions du monde vous ramène à Dieu ?

R---

7- Êtes-vous pour l'unité des religions tandis que chacune a des pratiques différentes ?

R---

8- Savez-vous que le christianisme ne doit pas être mélangé ?

R---

9- Savez-vous que le chrétien doit marcher comme Jésus lui-même a marché ?

R---

10- Quel est votre comportement face à la religion ?

R---

3

LA FOI, L'ESPÉRANCE ET LA CHARITÉ, LAQUELLE EST LA PLUS IMPORTANTE POUR UN CHRÉTIEN ?

Pour être chrétien, on a besoin de ces trois mots qui sont : La foi, l'espérance et la charité. Pour construire une maison solide, on doit connaître la qualité du sol avant de fouiller la fondation. Avec une bonne fondation, on peut construire la maison de ses rêves.

C'est pas différent pour le chrétien. Il doit avoir la foi en Jésus, l'espérance de la vie éternelle en lui et de la charité qui est l'amour de Dieu. À partir de là, les vents, les tempêtes, les cyclones, et les tremblements de terre peuvent passer, sa maison restera inébranlable, parce qu'il l'a construite sur Jésus le roc séculaire (Mt 7.24,25).

Mais si c'est parce que l'on a de l'argent, ou parce que l'on appartient à une religion que l'on décide de construire sa maison comme on le veut, les vents, les tempêtes, les cyclones et les tremblements de terre vont passer, et cette maison sera détruite. Car elle a été construite sur le sable (Mt 7.26,27).

De ce fait, pour éviter la catastrophe, on doit comprendre ces trois mots et les appliquer dans sa vie.

3.1. La foi

Ce qui est intéressant, quand on parle de la foi, c'est que tout le monde peut en avoir. Beaucoup de gens ont tendance à croire que seuls les chrétiens ont la foi. C'est faux ! C'est pourquoi quand on parle de la foi chrétienne, on fait toujours référence à la foi en Jésus, ou la foi en Dieu.

Selon le Wikipédia, **La foi** désigne étymologiquement le fait d'avoir confiance en quelque chose ou quelqu'un. Et c'est une condition de toute religion et la motivation de sa pratique.

D'après cette définition, tout le monde peut avoir la foi dans n'importe qui ou n'importe quoi. Cela implique que, les chrétiens ont de la foi, les bouddhistes ont de la foi, les vaudouisants aussi en ont etc. C'est pourquoi quand on veut parler de la foi, on doit préciser en quoi ou en qui.

Selon l'apôtre Paul, **la foi** chrétienne se définit ainsi : Une ferme assurance des choses qu'on espère, une démonstration de celles qu'on ne voit pas (He 11.1). De ce fait, personne ne peut dire qu'il a plus de foi qu'un(e) autre. C'est une chose qu'on ne peut ni mesurer ni toucher.

Or la foi vient de ce qu'on entend et ce qu'on entend vient de la parole de Dieu (Ro 10.17). De ce fait, en tant que chrétiens, nous devons être nourris de l'entendement de la parole de Dieu, afin que nous puissions vivre selon la volonté de Dieu. Avoir la foi en la parole, c'est avoir une entière confiance en Dieu. C'est la raison pour laquelle Jésus eut à dire : « Si vous demeurez dans ma parole, vous êtes vraiment mes disciples ; vous connaitrez la vérité, et la vérité vous affranchira » (Jn 8.31,32).

Cependant la foi, ce n'est pas croire en l'existence de Dieu, mais croire en ce que Dieu dit, et y adhérer entièrement. Car les démons croient aussi que Dieu existe, mais ils tremblent (Ja 2.19).

Quand on a la foi en la parole de Dieu, on ne sera jamais confus. Car nous savons que ce qui a été dit ou écrit l'a été pour notre instruction (Ro 15.4). Parce que Dieu n'a jamais rien fait sans avertir ses enfants (Am 3.7). Mais les gens qui n'ont pas la foi en la parole de Dieu sont toujours errants dans leurs propres démarches.

Une personne qui se dit chrétienne et qui n'a pas la foi en Dieu, ne pourra jamais faire ce que Dieu exige. Or sans la foi il est impossible de lui être agréable, de croire à sa parole ; car il faut que celui qui s'approche de Dieu croie que Dieu existe, et il est le rémunérateur de ceux qui le cherchent (He 11.6).

Pendant des milliers d'années jusqu'à aujourd'hui, beaucoup de gens n'ont pas pu révéler comment a été formé le monde dans lequel nous vivons. Mais nous les chrétiens, nous reconnaissons par la foi que le monde a été formé par la parole de Dieu, en sorte que ce qu'on voit n'a pas été fait de choses visibles (He 11.3).

En ce sens, l'apôtre Paul eut à dire : « Cette bonne nouvelle nous a été annoncée aussi bien qu'à eux ; mais la parole qui leur fut annoncée ne leur servit de rien, parce qu'elle ne trouva pas de la foi chez ceux qui l'entendirent » (He 4.2).

Savez-vous pourquoi Jésus s'est demandé si à son retour il trouvera de la foi sur la terre (Lu 18.8) ? C'est parce que l'Esprit dit expressément que, dans les derniers temps, quelques un abandonneront la foi, pour s'attacher à des esprits séducteurs et à des doctrines de démons, tout en prescrivant de ne pas se marier, et de s'abstenir d'aliments que Dieu a créés pour qu'ils soient pris avec actions de grâces par ceux qui sont fidèles et qui ont connu la vérité (1Ti 4.1-3).

Or sans la foi, nous ne pouvons pas éteindre les traits enflammés du malin, c'est notre bouclier (Ep 6.6). Car Dieu nous donne la foi suffisante pour être sauvés, mais il nous reste l'effort de la sanctification qui consiste à nous saisir des vérités bibliques pour mettre notre vie en conformité avec sa parole. Car le juste vivra par sa foi (Ro 1.17).

Cependant la foi agissait avec ses œuvres, et que par les œuvres la foi fut rendue parfaite (Ja 2.22). Car la foi sans les œuvres est morte (Ja 2.26). C'est pourquoi quand vous dites que vous êtes un chrétien vous devez agir de la même façon dont Jésus lui-même aurait agi. De ce fait, c'est la façon de vivre qui va dire si vous êtes chrétien ou pas. Ce n'est pas parce que vous appartenez à une secte religieuse.

3.2. L'espérance

Selon le petit Larousse, l'espérance est un sentiment de confiance en l'avenir, qui porte à attendre avec patience la réalisation de ce qu'on désire.

Pour nous les chrétiens, l'espérance n'est pas un sentiment, mais un acte habituel de la volonté. Elle porte sur un avenir qui n'est ni probable ni plausible, mais certain. Cet avenir n'est pas de l'avenir souhaité ou désiré par le sujet espérant, mais il est celui promis par Dieu (Jn 14.1-3).

Sur ce, l'espérance chrétienne est fondée sur la certitude de foi dans la parole de Dieu en la personne de Jésus qui viendra nous chercher pour vivre avec lui pour le temps et l'éternité (Jn 14.3). Et ce que Jésus nous a réservé, ce sont des choses que l'œil n'a jamais vues, que l'oreille n'a jamais entendues, et qui ne sont jamais montées au cœur de l'homme (1Co 2.9). N'est-ce pas un Dieu merveilleux ?

En tant que chrétiens, après avoir gardé la foi en Jésus, vous devez vivre dans l'attente de la vie éternelle en Jésus avec une pleine espérance. Car la parole de Dieu ne retourne pas à lui sans accomplir sa volonté (Es 55.11).

De ce fait, le mot espérance est la continuité de la foi en Jésus. Si la foi nous permet de croire en la parole de Dieu, l'espérance nous mobilise, nous donne la force d'avancer sans être découragés. Car, cette espérance, nous la possédons comme une ancre de l'âme, sûre et solide ; elle pénètre au-delà du voile (He 6.19)

L'espérance se nourrit dans la foi et la foi se vivifie dans l'espérance. En fait, vivre dans l'espérance, c'est accepter l'angoisse et en même temps vivre dans la joie de Jésus. C'est pourquoi, l'apôtre Paul a dit : « Réjouissez-vous en espérance, soyez patients dans l'affliction, persévérez dans la prière » (Ro 12.12).

L'espérance n'est pas la résignation de l'homme envers Dieu. Mais la sortie de l'illusion et de l'enfermement, pour une action libre de toute idéologie. Car il est dit : « Le royaume de Dieu est forcé, ce sont les violents qui s'en emparent » (Mt 11.12).

De ce fait, l'élan de l'espérance préserve de l'égoïsme et conduit droit au bonheur de la charité. C'est pourquoi l'espérance est un mot très important pour un chrétien. Car l'apôtre Paul a dit : « La foi et la connaissance de la vérité en Jésus reposent sur l'espérance de la vie éternelle, qui a été promise dès les plus anciens temps par le Dieu qui ne ment jamais » (Tit 1.1,2). Oh ! Quelle joyeuse espérance nous avons en tant que chrétiens !

3.3. La charité

La charité est la base de l'Église. Alors, pourquoi a-t-elle disparu ? Or une maison qui n'a pas de base s'effondrera quand elle fait face aux intempéries. On dirait que le mot charité au niveau de l'Église est un sujet tabou comme le sexe. On évite de parler de la charité. Pourtant la charité est égale à l'amour, l'amour est de Dieu, et Dieu est amour.

Le mot charité a une définition qui varie selon le contexte dans lequel on l'utilise. Il est principalement utilisé pour parler d'amour. De l'amour qu'on a pour Dieu, notre prochain et aussi de l'amour que notre Dieu a pour nous. De ce fait, « **charité** » est égale à « **amour** ».

L'apôtre Paul nous a dit : « La charité est patiente, pleine de bonté, n'est point envieux, ne se vante point, ne s'enfle point d'orgueil, ne fait rien de malhonnête, ne cherche point son intérêt, ne s'irrite point, ne soupçonne point de mal, ne se réjouit point de l'injustice, mais de la justice, pardonne tout, croit tout, espère tout et supporte tout » (1Co 13.4-7). De ce fait, en exerçant la charité que vous développez votre foi en Dieu et l'espérance de la vie éternelle. Car la charité est plus grande que la foi et l'espérance (1Co 13.13).

On dirait que le sage Salomon a eu tort de dire : « La haine excite des querelles, mais l'amour couvre toutes les fautes » (Pr 10.12). De nos jours, on ne voit pas de la charité au sein de l'Église mais de la haine. Hélas !

Le mot charité peut aussi faire allusion à la bienfaisance ou à l'aumône, traduisant les actes de soutien financier, matériel, et émotionnel qu'on pose envers les indigents, les pauvres, les démunies, les laissés pour compte, les veuves et les orphelins. C'est cette phase là que beaucoup de chrétiens ignorent.

Or l'apôtre Jean nous a conseillé, nous qui sommes des chrétiens, en disant : « Petits enfants, n'aimons pas en paroles et avec la langue, mais en actions et avec vérité » (1Jn 3.18).

Si quelqu'un possède les biens du monde, et que, voyant son frère dans le besoin, il lui ferme ses entrailles, comment l'amour de Dieu demeure-t-il en lui ? (1Jn 3.17)

L'apôtre Pierre continue pour dire : « Ayez les uns pour les autres une ardente charité, car la charité couvre une multitude de péchés » (1Pi 4.8). En aimant vos prochains, vous prendrez plaisir à sa réussite, non pas à son échec.

Jésus eut à dire : « À l'avènement du Fils de l'homme, l'iniquité sera accrue, et la charité du plus grand nombre se refroidira » (Mt 24.12). C'est parce que dans les derniers temps, les hommes seront égoïstes, fanfarons, cupides, hautains, ingrats, irréligieux, déloyaux, insensibles, ayant l'apparence de la piété, mais reniant ce qui en fait la force (2Ti 3. 2-5).

Plusieurs Églises se disent vivantes et détiennent la vérité, plusieurs chrétiens se disent être sur le bon chemin indexant d'autres personnes ou d'autres religions comme étant fausses. Mais ce qui est paradoxal, c'est que les religions indexées sont celles qui manifestent le plus la charité envers les démunis et les opprimés.

Grace à ces fausses religions, nous avons des orphelinats dans le monde entier, des écoles pour les pauvres, des maisons pour les sans-abris etc. Elles ont une véritable empreinte d'aide sociale dans le monde, même quand elles posent des actions tout en étant dans l'idolâtrie pure et dure. Pourtant ceux qui se disent faire partie de la vraie Église ou ceux qui se disent être chrétiens sont préoccupés de nos jours par leur pouvoir, leur égo, leur bien-être et leur succès. Nombreux sont les grands ministères à la gloire de Dieu, mais qui ne posent aucune action concrète pour combattre la pauvreté dans le monde, pour soutenir les faibles, pour visiter les malades, pour créer des centres d'aide aux personnes dans le besoin.

Peu de ministères qui ont en leur sein des départements d'aide sociale qui fonctionnent vraiment. Vous qui vous dites être dans le vrai chemin, quelle religion pratiquez-vous ? Ne savez-vous pas que la religion pure et sans tache, devant Dieu notre Père, consiste à manifester la charité, en visitant les orphelins et les veuves dans leurs afflictions, et à vivre dans la sanctification, en préservant des souillures du monde (Ja 1.27) ?

Il est bien d'offrir la parole aux hommes et de leur permettre d'être édifiés, mais pensons aussi à leur donner, nous-mêmes, à manger, c'est un point important du ministère. Car au retour de Jésus, Il dira à ceux qui seront à sa gauche : « Retirez-vous de moi, maudits. Car j'ai eu faim, et vous ne m'avez pas donné à manger ; j'ai eu soif, et vous ne m'avez pas donné à boire ; j'étais étranger, et vous ne m'avez pas recueilli ; j'étais nu, et vous ne m'avez pas vêtu ; j'étais malade et en prison, et vous ne m'avez pas visité ; allez dans le feu éternel qui a été préparé pour le diable et pour ses anges » (Mt 25.41-43).

Ils répondront : « Seigneur, quand t'avons-nous vu ayant faim, ou ayant soif, ou étranger, ou nu, ou malade, ou en prison, et ne t'avons-nous pas assisté ? Et le Seigneur leur répondra : Je vous le dis en vérité, toutes les fois que vous n'avez pas fait ces choses à l'un de ces plus petits, c'est à moi que vous ne les avez pas faites » (Mt 25.44,45).

Je profite aussi pour dire à ceux qui font des œuvres de bienfaisance dans le monde entier, ayant un bon rapport avec leurs prochains, c'est bien. Mais, avoir un mauvais rapport avec Dieu en négligeant sa volonté, c'est un temps perdu. Hélas ! Car l'apôtre Paul nous a dit : « Même quand vous distribuez tous vos biens pour la nourriture des pauvres, et même quand vous vous donnez vous-même pour eux, si vous n'avez pas l'amour de Dieu, cela ne vous sert de rien » (1Co 13.3).

Et c'est pourquoi l'apôtre Paul nous a donné le but du commandement : C'est une charité venant du cœur pur, d'une bonne conscience et d'une foi sincère (1Ti 1.5).

Conclusion

En voyant une maison après un cyclone ou un tremblement de terre, restée debout, à ce moment on dit : Quelle maison ! Oubliant la fondation. On ne voit que le bâtiment ou l'édifice. C'est pourquoi la charité est la plus grande (1Co 13.13). En fait, en voyant votre amour pour Dieu et pour vos prochains, on sait que vous avez la foi et de l'espérance en Dieu. De même, si vous avez de l'amour pour Dieu et non pour vos prochains, ou de l'amour pour vos prochains et non pour Dieu, on finit par dire que vous n'avez ni la foi ni l'espérance en réalité.

Ces paroles sont vraies. C'est pourquoi, pratiquez-les dans vos vies, afin que vous ayez une foi saine, et que vous ne vous attachiez pas à des fables et à des commandements d'hommes qui se détournent de la vérité. Ils font confession de connaître Dieu, mais ils le renient par leurs œuvres (Tit 1.13-16).

La grâce de Dieu, laquelle est la source de salut pour tous les hommes, a été manifestée. Elle nous enseigne à renoncer à l'impiété et aux convoitises mondaines, et à vivre dans le siècle présent selon la sagesse, la justice et la piété, en attendant la bienheureuse espérance, et la manifestation de la gloire de Dieu et de notre sauveur Jésus, qui a donné lui-même pour nous, afin de nous racheter de toute iniquité, et de faire de nous un peuple qui lui appartienne, purifié par lui et zélé pour les bonnes œuvres de la charité (Tit 2.11-14).

De ce fait, nous qui sommes des chrétiens, nous devons être sobres, tout en ayant revêtu de la cuirasse de la foi et de la charité, et ayant pour casque l'espérance du salut (1Th 5.8).

Et l'apôtre Paul conclut pour dire : « Ces paroles sont certaines, et je veux que vous affirmiez ces choses, afin que ceux qui ont cru en Dieu s'appliquent à pratiquer de bonnes œuvres. Voilà ce qui est bon et utile aux hommes » (Tit 3.8). Car la charité est le lien de la perfection (Col 3.14).

Questions

1- En qui avez-vous la foi ?

R--

2- En qui est votre espérance ?

R--

3- À quoi vous fait penser le mot « charité » ?

R--

4

LE LEADERSHIP

Selon l'étymologie et le champ conceptuel, **leadership** vient de l'anglais leader, le chef, désigné par ses pairs, d'un parti politique en Grande-Bretagne, et du suffixe **ship**. D'une manière générale, il peut-être défini comme la capacité d'un individu à influencer, à motiver, et à rendre les autres capable de contribuer à l'efficacité et au succès des organisations dont ils sont membres.

Il désigne les comportements que l'on peut reconnaître à celui qui assure la **fonction du leader.**

Le leadership est l'influence politique, psychologique, sociale, etc. D'un individu ou d'un groupe d'individus sur un groupe ou un autre groupe.

Le leadership ne signifie pas avoir un gros égo, diriger un nombre important de personnes, être extraverti, avoir une aisance verbale ou séduire.

Le leadership commence avec la ...nté de rompre avec les idées reçues. Il est un ensemble de compétences que chacun peut acquérir, à partir du moment où il décide de travailler sur lui pour commencer à gérer sa propre vie et se mettre au service des autres, pour améliorer leur vie et contribuer à les rendre heureux. Une personne qui sait diriger son existence donne envie aux autres d'en faire autant.

Le leadership consiste à avoir une assurance et une détermination qui ne viennent pas de l'égo mais d'un alignement interne, avoir une connaissance de soi suffisamment lucide, avoir une idée claire de la direction à suivre dans sa vie « **vision et mission** », et connaître ses valeurs pour les partager avec les autres.

Le leadership se définit aussi comme l'art d'influencer le comportement humain de la manière voulue par celui qui dirige. Ou c'est l'art d'influencer directement ou indirectement d'autres personnes, au moyen de pouvoirs officiels ou de qualités personnelles, afin qu'elles agissent conformément à notre intention ou à un objectif commun.

Si le leader est suivi par les autres, ce n'est pas pour sa personne ou certains traits de personnalité, mais pour les valeurs qu'il incarne et l'exemple qu'il donne (créativité et innovation).

*   **Le leadership est une stratégie d'influence**

Le leadership est une question d'influence. De ce fait, le leader est celui qui influence les comportements, les choix et les décisions des autres.

Le leadership est l'influence d'un individu sur un groupe. C'est la relation de confiance temporaire et réciproque. Elle se manifeste par sa capacité à fédérer et à mobiliser les énergies autour d'une action collective et l'atteinte d'un but commun, d'une durée limitée.

Les mots clé du leadership sont donc les suivants :

A. La capacité d'une personne à influencer un individu ou un groupe.

B. Une relation de confiance mutuelle.

C. L'atteinte d'un but commun.

D. Un contexte avec une durée limitée.

Le leadership peut aussi s'appréhender comme la capacité à créer un monde auquel les autres veulent appartenir. Le leadership est alors la capacité à diagnostiquer et comprendre le monde actuel, à concevoir et incarner le monde voulu et enfin à construire les passerelles pour que les autres acteurs rejoignent le monde voulu.

Le leadership est une stratégie d'influence, ou plutôt d'adhésion, non à une personne mais à une vision, mission ou à un système de valeur.

* **La stratégie du leadership**

Le leadership existe par les postures, les gestes, les mimiques que vous adoptez, les mots que vous prononcez et les images que vous décrivez au cours d'une relation. Ce langage verbal et non verbal a d'autant plus d'impact sur l'autre, c'est le reflet de votre authenticité ou alignement. De ce fait, vous devriez avoir :

1. **Un but ou une direction :** C'est là que je veux aller, voilà mon rêve, voilà ce que je veux, voilà mes valeurs fondamentales. C'est la capacité à concevoir un territoire nouveau, un monde que les autres ont envie d'explorer. Cette vision donne une direction à suivre plus qu'un résultat précis à atteindre. En étant soi-même droit et authentique, alors on donne envie aux autres à faire de même.

2. **Des capacités relationnelles :** C'est là que je voudrais vous emmener pour vous faire partager mon rêve. C'est avant tout la capacité à mobiliser l'énergie des autres pour leur donner envie de vous suivre et de partir avec vous vers un but commun, celui d'un territoire nouveau. La confiance est nécessaire car vous n'allez pas suivre quelqu'un en qui vous n'avez pas

confiance, et voire si cette personne vous demande de faire quelque chose d'inhabituel.

La meilleure stratégie d'influencer est d'être soi-même et un modèle pour les autres. Car c'est votre niveau de cohérence entre ce que vous dites et ce que vous faites qui donnera envie aux autres de vous suivre.

3. Un test pour connaître votre progression : Qui chemine avec moi vers la réalisation de la vision ? Le test est simple et consiste à vous demander : Combien de personnes adhèrent à mon projet, mon rêve, ma vision ?

Si vous n'êtes pas suivi, c'est que vos compétences en matière de leadership doivent être réajustées. C'est que votre vision n'est pas comprise par les autres ou qu'elle ne suscite pas l'envie d'y aller. C'est une invitation à redéfinir votre vision ou vos compétences relationnelles.

Mesurer la progression est indispensable, pour savoir à tout moment fêter vos réussites, féliciter et récompenser ceux qui vous accompagnent.

Si vous dictez à chacun ce qu'il doit faire, vous ne faites pas preuve de leadership mais de « **management** ». Car le « management » se focalise sur le plan, la procédure etc. Le leadership se focalise sur la relation avec les hommes et les femmes d'une équipe en rappelant sans cesse la finalité commune recherchée et en veillant à maintenir la motivation de chacun.

Le leadership favorise l'intelligence collective et préfère solliciter l'avis de chacun au lieu d'imposer sa vérité et des directives. Ce sont les membres du groupe qui reconnaissent votre leadership.

Une personne dans le rôle formel de leader, peut ou ne pas faire preuve de leadership. Le leadership qui est essentiellement lié au degré d'influence d'une personne, peut exister indépendamment du rôle du leader.

Il y a des personnes qui ont du leadership sans avoir le statut de leader. Si le leadership est un ensemble de compétences, alors chacun peut les acquérir. Et chacun possède un contexte dans lequel il fait preuve de leadership.

Il n'y a pas de leadership sans un travail de développement personnel et professionnel. Le leadership est contextuel. Que ce soit au travail, à l'Église, en famille, de nombreuses possibilités s'offriront à vous pour mettre en valeur votre leadership.

*   Leadership et influence

Le mécanisme consiste à :

1. Calibrer (nécessité de croire que chacun à son propre modèle du monde, de faire preuve de curiosité pour l'autre, de chercher à comprendre sans jugement le modèle du monde de l'autre).

2. Synchroniser (chercher à harmoniser deux modèles du monde, en atténuant les différences et en augmentant les similitudes. La synchronisation sera facile si vous savez considérer votre interlocuteur, au-delà de tout ce qui vous différencie de lui, comme un être humain).

3. Guider (conduire l'autre vers la réalisation d'un objectif nouveau et un objectif qui convient à l'autre. Vous saurez que vous avez de l'influence sur l'autre, quand il/elle a envie de vous suivre).

* **Le leadership organisationnel**

Le niveau d'influence du leader, sa capacité à conduire les membres d'une organisation vers de nouveaux développements, dépend de la capacité de ce leader à se synchroniser avec cette organisation. Cette synchronisation signifie une compréhension en profondeur de ce qui anime les individus qui constituent cette organisation.

Il ne s'agit pas seulement de comprendre le mode de fonctionnement de chaque membre de l'équipe, mais de saisir également les valeurs ou les règles qui relient de façons implicites les individus entre eux.

* **Les outils de base du leadership**

1. L'écoute : On peut-être le meilleur leader avec la bouche fermée, en se taisant plutôt qu'en prenant toujours la parole. Comment se fait-il qu'un outil de leadership aussi simple que l'écoute soit si peu utilisé ? La meilleure technique d'entretien ne consiste pas à se dépêcher d'enchainer les questions, mais de faire silence. Ne tentez pas de remplir désespérément le vide pendant que votre interlocuteur réfléchit, et ne remplissez pas le silence par votre inutile verbiage. Au contraire, donnez à votre interlocuteur le temps et l'espace pour formuler une réponse. Et si vous attendez une idée intéressante de sa part, taisez-vous et offrez-lui un long temps de réflexion.

2. Les mots clés du leadership : Bravo, merci, je vous apprécie, je m'excuse.

L'une des compétences clés du leadership consiste à maintenir l'engagement de ses troupes. Il y a de nombreuses manières de reconnaître le travail des collaborateurs ;

-Bravo pour votre travail, vos idées, votre engagement. Le bravo est aussi un encouragement à continuer dans la même direction.

-Merci de votre engagement, votre contribution. De nombreuses études scientifiques démontrent qu'exprimer sa gratitude est très bonne pour le bien-être et la santé.

-**Je vous apprécie en tant que personne**. Il est temps de ne plus considérer vos collaborateurs comme des outils de production à qui vous donnez des consignes.

-**Je suis désolé ou je m'excuse**. En disant je m'excuse de mes erreurs ou de vous avoir blessé, vous autorisez l'autre à faire des erreurs, à poursuivre ses apprentissages. Car l'erreur est inhérente à l'apprentissage.

3. **L'humilité** est un signe de force chez les leaders. Elle signale que vous n'êtes plus prisonniers de vos égos.

Le leadership amène la vision, la foi et le courage. La vision pour voir ce qu'il faut faire. La foi pour croire qu'on peut le faire. Le courage pour faire en sorte que ce soit fait.

Le vrai leadership ne consiste pas à se servir mais à servir : Servir l'entreprise, ses salariés, ses clients ses fournisseurs, ses membres d'Église, et au bout du compte à servir Dieu. Si vous y parvenez, cela signifie que vous avez réussi à devenir un leader, quelqu'un qui est digne d'être suivi.

À noter que, au sujet du leadership, il y a trois sortes de gens dans le monde : Ceux qui sont inamovibles, ceux qui sont mobiles et ceux qui font avancer.

<u>Ce sont les éléments dont on a besoin pour être un vrai leader</u>.

4.1. Un leader

Le mot leader vient du verbe anglais **to lead** qui signifie mener, indiquer le chemin. Il est difficile de le traduire correctement en français, on peut tout de même considérer comme étant **le chef de fil.**

Le leader est un rôle, un titre, un statut, une position professionnelle. Le statut de leader est le plus souvent attribué à celui qui a une position hiérarchique dans un groupe ou une organisation. Il peut s'auto proclamer leader. Il n'est légitime dans son rôle que s'il est capable de faire preuve de leadership. Le leader légitime est parfois différent du leader officiel. Un leader tient son autorité des membres du groupe qui le reconnaissent comme tel.

Le leader a des compétences personnelles qui lui confèrent une différence et qui lui permettent d'être écouté et suivi par un groupe de personnes.

On ne nait pas leader, chacun peut le devenir à condition de se trouver au bon moment, au bon endroit, afin d'avoir l'occasion de révéler ses qualités et ses compétences en leadership par une remise en cause de son mode habituel de fonctionnement.

De ce fait, on peut-être leader dans une situation donnée, mais certainement pas dans toutes les situations. Les historiens disent que ce sont les circonstances qui font les leaders. Par exemple, Martin

Luther King Junior est devenu un leader reconnu du fait de la discrimination raciale aux USA.

On devient leader dans des moments spécifiques, des situations de crises dans lesquelles nous sommes invités à changer nos manières habituelles de penser et de faire.

Un individu ne peut-être leader que relativement à autrui, cela dépend de la façon dont il se positionne par rapport à l'autre. Au sens propre, un leader a une place géographique bien précise puisqu'il se place devant, au centre ou en haut. Il se caractérise par son charisme et ses capacités d'orateur.

* Le leader est une personne ayant une influence démontrable sur le groupe. Il communique sa confiance et tient à obtenir l'adhésion du groupe. En effet, il a la capacité de fédérer et de mobiliser les énergies autour d'une action commune.

* Le leader est un membre qui sait ce qu'il veut, qui communique efficacement ses intentions, qui sait quand poursuivre son action ou se réorienter pour le mieux-être du groupe.

* Le leader est une personne qui aide les gens à se responsabiliser quant à l'atteinte d'un objectif commun dans une synergie de groupe. Que vous soyez un pasteur, un patron, un parent, un coach, un politicien, ou que vous ayez une fonction qui vous positionne à l'avant-scène, vous avez un rôle de guide à assumer.

* Le leader qui connait bien son affaire et qui est attentionné, garde l'œil ouvert pour déceler toute non-conformité, tout travail saboté ; car qui parmi nous fait toujours preuve d'application et d'honnêteté (Pr 20.8) ?

<u>On doit se rappeler que nous ne sommes pas toujours un leader dans toutes les situations</u>.

4.2. Le rôle du leader

Dans la vie pratique, le terme leader désigne quelqu'un qui démontre un esprit de leadership tel que siéger dans un comité, présider un groupe de travail, faire partie d'un bureau de direction.

De ce fait, le leader doit être :

1- Un communicateur

Le leader peut dans un groupe doit savoir quand, comment, pourquoi parler ou communiquer aux autres.

2- Un bâtisseur d'équipe

Le leader encourage et stimule ; extériorise et verbalise ; harmonise, accepte les compromis, assure un certain contrôle, respecte les autres et établit des normes.

3- Un facilitateur et animateur

Le leader assure la croissance du groupe, agit comme participant ou observateur et ne s'impose pas, implique tous les membres, fait preuve d'ouverture d'esprit, encourage le groupe à réfléchir à lui-même.

4- Un agent de changement

Le leader admet le besoin de changement, crée le climat propice au changement, identifie clairement les problèmes rencontrés, analyse efficacement ces problèmes, identifie les solutions possibles, identifie les démarches de solution de problème, les applique et les évalue.

5- Un éducateur

Le leader favorise le climat d'apprentissage, livre un contenu pratique et applicable, encourage l'autonomie et la prise de décisions, favorise le travail en équipe, stimule la réflexion et encourage l'évaluation personnelle, s'adapte en cours de route.

En tant que leader, vous demeurez la pierre angulaire de la réussite dans votre Église, votre famille, votre entreprise ou votre équipe. De ce fait, votre capacité à faire travailler les gens d'une façon qui soit performante doit amener la synergie de groupe vers la réalisation d'un objectif commun.

<u>Malheureusement, on rencontre encore beaucoup de chefs d'entreprise qui demandent aux employés de laisser leur cerveau à la porte avant d'entrer au travail et de le reprendre à la sortie. Ce qui est pire, beaucoup de pasteurs sont comme eux. Hélas !</u>

Appliquez-vous chaque jour à jouer bien ces cinq rôles, assurément, tôt ou tard, vous obtiendrez de la part de votre équipe des résultants exceptionnels.

4.3. Différents types de leader

On sait que les leaders ont des qualités et des compétences communes. Cependant ils n'ont pas tous la même façon de diriger leur équipe. De ce fait, on a des leaders :

1- Autocratiques

C'est un leader qui prend les décisions tout seul. Il prend des décisions fermes et les dictent aux subordonnés sans les inviter à formuler des suggestions. Il établit des missions, généralement dans le vide sans préciser le pourquoi, et il met sous pression ses subordonnés pour qu'ils travaillent plus longtemps avec des taches plus difficiles à réaliser. Il commande toutes les méthodes et les processus de travail. Il n'écoute pas les idées des autres, ni ne permet d'initiatives de leur part. Le leader autocratique adopte une position hautaine vis-à-vis de ses subordonnés et sans doute avec prétention. Il a un style de management très autoritaire et directif.

Avantage : Lorsque des décisions doivent être prises rapidement, sans consultation avec un grand nombre de personnes, comme lors d'un conflit militaire, le leader autocratique fera avancer les choses plus rapide et plus efficace.

Inconvénient : La productivité augmente quand le leader est présent, mais elle disparait quand il est absent. Les employés ont aussi peur de prendre des responsabilités, parce qu'ils risquent de commettre des erreurs punissables qui conduiraient à une rétrogradation de leur statut.

2- Démocratique

C'est un leader qui tend à impliquer les subordonnés dans la prise de décisions, et il insiste sur la consultation. Il exerce un faible degré de contrôle sur le groupe. Le leader démocrate est très actif dans la stimulation de la discussion du groupe et des décisions du groupe. Il évite d'imposer ses idées avant d'en discuter avec les membres de son équipe. Il délègue son autorité aux membres de son équipe. Il favorise le développement personnel de ses membres d'équipe et leur apporte une aide morale. Il a un style de management participatif et une large part de délégation. C'est un leader serviteur ou altruiste.

Avantage : Du fait que le leader s'intéresse aux membres de son équipe, en retour ils vont donner le meilleur d'eux-mêmes.

Inconvénient : La démocratie n'est pas en outre un style de management mais un système, dans lequel le pouvoir appartient, en fin de compte, à la population. C'est une appellation abusive qui dissimule la nature coercitive du pouvoir.

3- Bureaucratique

C'est un leader qui impose une discipline stricte et systématique sur les membres de son équipe avec une impersonnalité de relations humaines presque froide. Il a pour principe de ne faire confiance à personne, ni à lui-même, ni à ses subordonnés. Sa confiance repose sur les règles et les règlements. Quand il s'agit de prendre une décision, le leader bureaucrate s'en remet aux normes établies par le code pour s'orienter. Il suit les règles avec rigueur, et il s'assure que son personnel respecte les procédures avec précision. Par exemple, on retrouve le leader bureaucrate dans des travaux de construction, de la chimie et autre. Il a un style de gestionnaire et très rigoureux, mais peu impliqué dans les relations humaines.

Avantage : Dans une situation ou l'environnement de travail est très dangereux, ou des procédures spécifiques sont nécessaires pour assurer la sécurité du personnel et des bâtiments, c'est pas trop mauvais.

Inconvénient : Il n'existe pas de place chez le leader bureaucratique pour un leadership de création. Le groupe est robotisé, on a comme exemple, Ponce Pilate.

4- Charismatique

C'est un leader qui veut que ses disciples s'engagent dans une dévotion absolue vis-à-vis de lui-même. Il n'est pas conventionnel. Il a confiance en lui. Il montre de l'assertivité. Il est un agent de changement radical. Il a un objectif idéalisé et un fort engagement personnel dans cet objectif. Le leader charismatique est très persuasif et il utilise le langage verbal et corporel de façon très efficace.

Avantage : Si le leader charismatique est bien intentionné, il peut contribuer de manière significative à la croissance de l'ensemble du groupe.

Inconvénient : Si le leader charismatique est machiavélique et égoïste, son comportement peut le conduire au narcissisme psychotique. Sa personnalité est irremplaçable et il n'assure aucun successeur. Il aime blâmer les autres pour ses propres erreurs.

5- Laissez-faire

C'est un leader qui ne s'interfère pas dans les activités des membres de son groupe à moins qu'ils demandent son aide. Il leur permet de prendre un grand nombre de décisions en toute liberté en ce qui concerne l'achèvement de leurs travaux. Il ne dispose pas suffisamment de contrôle sur le travail de ses subordonnés. Il ne fournit pas de retour d'information et il n'est pas là pour motiver les autres.

Avantage : C'est de conduire à une grande satisfaction dans l'emploi, sur le plan individuel et à l'augmentation de la productivité pour le groupe.

Inconvénient : Le leader laisser-faire n'est pas très adapté pour les personnes qui nécessitent une forte dose de supervision ou qui sont nouveaux dans son groupe.

4.4. Le comportement d'un leader

Voici les six éléments nécessaires du comportement d'un bon leader :

1- Un bon leader motive les autres, il ne les trompe pas, ne les exploite pas (Pr 16.10).

2- Un bon leader déteste faire le mal à un membre de son équipe, il a un moral solide ou positif (Pr 16.12).

3- Un bon leader dit toujours la vérité, il aime les conseillers qui lui disent la vérité (Pr 16.13).

4- Un bon leader ne s'énerve pas facilement. Car un leader qui s'énerve facilement rend la vie impossible aux gens autour de lui (Pr 16.14).

5- Un bon leader pose revigore !!! À ceux qui l'entourent. Il est comme la pluie du printemps et le soleil (Pr 16.15).

6- Un bon leader prépare les autres à devenir de bons leaders aussi (Ex 18.20).

4.5. Les caractéristiques d'un bon leader

Voici les caractéristiques d'un bon leader :

1- Avoir de la drive

Le leader efficace est ce qui sait autant fonctionner sur le plan tactique et stratégique qu'être en mesure de mener leur équipe vers un but précis. Le bon leader a pour objectif de s'assurer que les choses marchent !

2- Être autonome et avoir le sens de responsabilité

Le leader est celui qui permet à son équipe de développer une autonomie et assurer une valeur ajoutée selon sa propre force.

3- Être authentique

Le leader doit être capable de communiquer efficacement ses propres valeurs, ses croyances et aussi celles de l'organisation, ainsi que ses objectifs globaux.

4- Posséder de bonnes aptitudes de communication

Le leader doit être en mesure d'expliquer clairement une situation quelconque et justifier la décision prise, afin de rendre non seulement les membres de l'équipe plus à l'aise avec la décision, mais leur permettre aussi d'accrocher plus de crédibilité au leader.

5- Être en mesure de poser des questions !

Le leader doit être en mesure de bien mener une enquête et avoir l'instinct naturel de le faire. Les questions vont permettre au leader d'identifier non seulement les forces et les faiblesses, mais aussi savoir pourquoi elles se manifestent et comment elles peuvent-être optimisées.

<u>On a Moïse comme exemple !</u>

4.6. Les caractéristiques d'un mauvais leader

Voici quelques caractéristiques d'un mauvais leader :

1- Évité ou ignore les conflits

Que ce soit lors d'un conflit direct avec un autre employé ou lorsqu'il est nécessaire de jouer le médiateur entre deux parties dans une dispute, un leader ne devrait pas prétendre que tout va bien et assumer que les choses vont se régler de par elles-mêmes ! Le fait d'éviter les différends peut causer des frustrations, de l'amertume ou de la mauvaise communication.

2- Il jouit de leur pouvoir au lieu de responsabiliser les autres

Le leadership n'est pas le fait d'exercer un contrôle sur les employés, mais plutôt de les guider et de leur donner une directive à suivre afin qu'ils puissent évoluer et atteindre leur plein potentiel.

3- Il ne monte jamais leur vulnérabilité

Le leader peut percevoir son rôle comme un tout puissant, robuste, et invincible ; et toujours vouloir démontrer un masque de perfection, et cela peut-être plus intimidant qu'inspirant.

4- Il est aveugle quant aux forces de son équipe

Le leader qui ne sait pas comment, ou encore ne fait pas l'effort de voir les forces de la main d'œuvre avance aveuglement. Il peut déléguer des taches à ceux qui ne sont pas faits pour les accomplir.

5- Il n'avoue jamais être responsable

Le leader abandonne son équipe quand la situation tourne au vinaigre. Il est plus facile pour lui de pointer les autres du doigt et d'être passif.

6- Il n'écoute pas

Il y a plusieurs façons d'écouter, il ne suffit pas de faire silence lorsque quelqu'un partage son point de vue, on doit faire attention au langage non verbal, de donner des commentaires aux autres sur ce qu'ils viennent de partager.

On a le roi Saül comme exemple !

4.7. Comment développer le leadership

Étant donné que le leadership est l'influence d'un individu sur un groupe par l'entremise d'une relation réciproque qui se manifeste par la capacité à fédérer un groupe et mobiliser les membres vers l'atteinte d'un but commun.

Voici quelques éléments qui nous permettent de développer un leadership.

1- Se connaître

La connaissance de soi est la principale clé pour un leader. Un leader doit être conscient de ses forces et limites. Si tu veux être digne de confiance, sois honnête. Si tu veux être honnête, sois vrai. Si tu veux être vrai, sois toi-même.

2- Comprendre les autres

Il est impératif de comprendre les individus pour fédérer à un groupe et mobiliser les individus qui le composent. Tout en posant des questions : Qu'est-ce qui motive les membres de l'équipe ? Quels sont leurs talents ? Comment miser sur ces talents et les développer ? Comment responsabiliser les individus et les rendre autonomes ?

3- Faire preuve intelligence émotionnelle

L'intelligence émotionnelle est un ensemble d'habiletés verbales et non verbales qui permettent à un leader de générer, de reconnaître, d'exprimer, de comprendre et d'évaluer ses propres émotions et celles des autres de manière à orienter ses pensées et actions pour affronter de manière optimale les exigences et pressions de l'environnement.

4- Développer son pouvoir d'influence

Le pouvoir d'influence réside dans l'art de négocier et de persuader dans l'optique d'un bénéfice qui soit mutuel. Pour négocier, on doit savoir écouter, trouver une entente bénéfique pour tous, établir la confiance. Et pour persuader, on doit avoir une bonne argumentation, être préparé.

5- Avoir un objectif et une vision stratégique

Il est impératif de conduire dans une direction sans avoir un objectif. Pour cela, il ne faut pas regarder dans un seul sens. Il faut avoir une vision plus large, faire des liens, s'intéresser à différents domaines d'affaires, analyser l'environnement, échanger avec différents interlocuteurs et s'informer.

À partir de maintenant, si on décide de se connaître, de comprendre les autres, de faire preuve d'intelligence émotionnelle, d'influencer positivement les gens et de s'animer d'un objectif gagnant, les gens vont dire que vous êtes un leader.

Conclusion

Quelle est l'importance de ce chapitre dans un livre qui parle de la vie d'un chrétien ? Pour faire sortir le peuple hébreu d'Égypte, Dieu a dû se servir de Moïse comme celui qui devait diriger les pas de ce peuple.

De ce fait, les gens de l'Église qui se réunissent en assemblée devraient avoir un leader pour les guider à Jésus-Christ, afin que tout fonctionne bien sous le contrôle de Jésus.

Ces derniers temps, tout le monde veut être pasteur, dirigeant, père de famille, sans pour autant comprendre le rôle d'un pasteur ou d'un dirigeant ou d'un père de famille.

Une fois qu'on vous donne un poste au sein de l'Église, automatiquement vous devenez un dirigeant. Vous devez, en tant que dirigeant, connaître les manières de diriger. Ce n'est pas grave si vous ne savez pas comment faire, et vous avez un poste.

À partir de maintenant, vous allez vous former afin que vous puissiez diriger bien le peuple de Dieu. Et si vous étiez un mauvais leader, ce n'est pas grave non plus. Il suffit de prendre conscience.

Ce qui est triste, on rencontre des dirigeants d'Église qui dirigent bien leurs maisons. Mais arrivés à l'Église, ils se transforment en dictateurs.

Vous qui êtes père de famille, vous devriez diriger l'Église comme vous dirigez votre maison. Vous écoutez toujours ce que disent votre femme et vos enfants afin de rendre la famille heureuse.

De même, quand vous êtes pasteur ou dirigeant d'Église vous ne faites pas ce que vous voulez, mais vous faites ce qui est bon pour Dieu et les membres ainsi que pour vous.

Voilà pourquoi on raconta l'histoire de Moïse lorsque l'Éternel a voulu détruire le peuple dans le désert à cause du dieu d'or. Écoutez ce que Moïse a dit au Seigneur : « Pardonne maintenant leur péché ! Sinon, efface-moi de ton livre que tu as écrit » (Ex 32.32).

Moïse en tant que leader du peuple, il s'est mis comme le défenseur du peuple. Il était même prêt à se perdre pour sauver le peuple. C'est un leader qu'on devrait prendre comme exemple.

De même que vous êtes prêt à faire de grands sacrifices pour votre famille, les membres d'Église ou les brebis devraient remarquer des sentiments de confort avec vous en tant que pasteurs ou dirigeants.

Enfin, vous devez savoir, qu'après le baptême, vous devez avoir les sentiments d'être un leader. Dès ce moment les gens ont des regards sur vous, afin de voir si vous êtes réellement une nouvelle créature, tout en laissant tous vos défauts. En laissant les mauvais comportements, afin que les gens du dehors puissent dire : « Si vous avez changé, eux aussi ils pourront changer, là vous influencez les gens qui sont auprès de vous ».

L'Église de Dieu ne devrait pas être dirigée par des gens qui ont 5, 10 ou 15 ans au sein de l'Église. Mais par des gens qui ont des capacités ou des compétences pour faire le travail. C'est-ce qui a permis à Moïse et Paul d'écrire autant de livres dans la Bible.

Souvenez-vous qu'on ne nait pas leader, mais on le devient. Pour devenir un leader vous devez avoir une bonne formation « **capacité** », un bon comportement « **craignant Dieu** », vivre ce que vous dites « **intègres** », éviter de faire semblant d'être une bonne personne mais soyez « **ennemis de la cupidité** » (Ex 18.21).

N'oubliez jamais cela ! Les leaders de ce monde peuvent broncher, comme vous voyez dans les différents styles de leader, il y a des inconvénients. Mais le leader par excellence, Jésus de Nazareth, n'avait pas bronché et il ne bronchera jamais. Il n'y a aucun inconvénient dans son style.

Questions

1- Est-ce que vous êtes un leader ?

R---

2- Voudriez-vous agir en tant que leader ?

R---

3- Est-ce que vous vous considérez comme un leader ?

R---

4- Comment vous considérez les gens qui sont auprès de vous ?

R---

5- Quel est votre comportement face aux gens qui sont avec vous ?

R---------------------------- -------------------------------------

6- Qu'allez-vous faire si vous n'avez pas les caractéristiques d'un vrai leader et vous avez des gens sur votre responsabilité ?

R---

7- Aimeriez-vous développer votre leadership ?

R---

5

LES RÈGLES GRAMMATICALES D'UN CHRÉTIEN

Pour bien comprendre les règles grammaticales d'un chrétien, on doit bien comprendre les règles grammaticales de la langue française, par exemple.

La grammaire française se compose de plusieurs parties telles que les formes de phrases et les parties du discours. Lorsque vous apprenez une langue, avoir une vue d'ensemble des règles de grammaire de base est toujours très utile pour vous aider à construire des phrases de façon correcte.

Vous pouvez apprendre le français en écoutant et en lisant, sans pour autant comprendre les règles de grammaire française qui se cachent derrière les mots.

Cependant, pour certains étudiants du français, comprendre la grammaire française facilite la maîtrise de la langue. **Connaître les règles grammaticales vous aide à construire de plus belles phrases, améliore votre syntaxe et empêcher les malentendus lorsque vous écrivez un texte en français.**

Les règles de grammaire française sont importantes quand vous écrivez un texte en français. Il existe :

1- Les fonctions grammaticales permettent de définir un rôle à un mot ou à un groupe de mots au sein d'une phrase par rapport à un autre mot ou groupe de mots. Car le rôle est indispensable pour les accords.

On distingue traditionnellement deux types de fonctions grammaticales :

* Il y a tout d'abord les fonctions grammaticales par rapport à une proposition (ou un groupe de mots).

* Il y a les fonctions grammaticales par rapport à un élément d'une proposition.

Ex : Les éléphants roses sont une pure invention. « Les éléphants roses » est le sujet et une proposition entière ; « Roses » est un élément de la proposition sujet qui se rapport à éléphants.

2- Le sujet est soit un mot soit un groupe de mots indiquant la personne qui fait l'action.

* Il précise ce qui fait l'action auprès du verbe. Il est indispensable au sens de la phrase.

* Il détermine l'accord du verbe et sa conjugaison.

* On le retrouve en se posant la question « **qui** » ?

Ex : Ricot trouve le chemin de la vie éternelle : Qui est-ce qui trouve le chemin de la vie éternelle ? Ricot, donc Ricot est le sujet de la phrase.

3- Le complément d'objet direct précise directement l'action du verbe. Il ne peut-être ni déplacé ni supprimé.

* Le COD précise directement l'action du verbe et est indispensable au sens de la phrase

* On l'identifie en se posant la question **quoi** ou **qui** ?

* Lorsque le COD est placé avant le verbe et que le verbe est conjugué avec l'auxiliaire avoir, il faut accorder en genre et en nombre le participe passé du verbe.

Ex : Carline a admiré la « fleur » que Delcy lui a « donnée ».

4- Le complément d'objet indirect précise l'action du verbe. Il ne peut-être ni déplacé ni supprimé.

* Le COI précise directement ou indirectement l'action du verbe en introduisant une préposition entre le verbe et son complément (**à**, **de**, **pour**, **en**).

* Le COI est indispensable au sens de la phrase.

* On identifie un COI en se posant la question (**à quoi, à qui, de quoi, de qui**).

* Avec un COI, il ne faut faire aucun accord.

Ex : Il « nous » a donné la fleur.

5- Le complément d'objet second est un COI lorsqu'il est employé après un COD. On l'appelle second car il vient seconder le COD dans la phrase pour préciser l'action du verbe.

* Lorsqu'un verbe a un COI en plus d'un COD, on parle de COS

* On répète un COS de la même façon d'un COI en posant la question (**à qui, à quoi, de qui, de quoi**).

* Le COS peut-être placé avant un COD dans la phrase.

Ex : Andy raconte ses vacances à ses amis.

À qui raconte-t-elle ses vacances ? À « ses amis » (est alors un COS).

6- Le complément circonstanciel est un mot ou un groupe de mots permettant de préciser le contexte et d'affiner les enjeux de l'action exprimé par le verbe. Il peut-être un nom, un adverbe.

* Le complément circonstanciel est un élément facultatif d'une phrase.

* Le complément circonstanciel permet de préciser le lieu, le temps, le moyen ou la manière de l'action du verbe.

* Le complément circonstanciel permet d'introduire toutes les nuances de contexte et d'affiner l'action du verbe.

Ex : Johnny vient nous voir.

Johnny vient nous voir <u>le soir</u>.

<u>Le soir</u>, Johnny vient nous voir.

7- Le complément d'agent est un complément qui n'apparait qu'à la voix passive. Il est toujours introduit par la proposition **par** ou **de**.

* Le complément d'agent apparait à la voix passive uniquement.

* Le complément d'agent est le sujet à la voix active.

Ex : Voix active : Dacrancy (sujet) aime Jésus

- Voix passive : Jésus (sujet) est aimé <u>de Dacrancy</u> (complément d'agent).

8- L'attribut du sujet est un mot ou un groupe de mots permettant de préciser la qualité ou l'état du sujet au travers de son verbe.

* L'attribut du sujet est essentiel à la phrase et ne peut pas être supprimé.

* L'attribut du sujet complète le sujet avec un verbe d'état (**être, paraître, demeurer, rester, sembler**...).

Ex : Michaud est professeur.

9- L'épithète est un mot ou un groupe de mots qui se rattache à un nom.

* L'épithète se rattache à un nom.

* L'épithète permet de préciser un nom.

* L'épithète peut-être supprimée.

Ex : Delcy a un travail intéressant.

Pour commencer, il a été dit que connaître les règles grammaticales vous aide à construire de plus belles phrases, améliorer votre syntaxe et empêcher les malentendus lorsque vous vous exprimez en français.

De même, les règles grammaticales d'un chrétien sont représentées par les dix commandements. Quand vous les connaissez, ils vous aideront à connaître le vrai Dieu, ils améliorent votre vie et ils empêchent les malentendus avec vos prochains.

C'est pourquoi David eut à dire : « La loi de Dieu est parfaite, elle restaure l'âme ; le témoignage de l'Éternel est véritable, il rend sage l'ignorant » (Ps 19.8).

Il continue pour dire : « Les commandements de l'Éternel sont purs, ils éclairent les yeux » (Ps.19.9). Pourquoi marcher avec les yeux dans l'obscurité ?

Puis il dit : « Ton serviteur en reçoit instruction ; pour qui les observe, la récompense est grande » (Ps 19.12). En les mettant en application vous aurez la vie éternelle. Il n'y a pas de plus grande récompense que celle-là.

Beaucoup de chrétiens n'ont pas vraiment une idée claire sur les dix commandements. Pour eux, c'est Moïse qui les a donnés au peuple hébreu.

Moïse a été l'intermédiaire entre Dieu et le peuple, de ce fait, si Dieu voulait donner une chose au peuple, il devait passer par Moïse (Ex 20.22).

Pour arriver à bien cerner ce qui est dit, je vais vous donner un exemple : Une personne **Y** aux États-Unis veut vous donner cent dollars. Elle va à une maison de transfert **X** pour vous les envoyer.

Est-ce la maison de transfert **X** qui vous a envoyé l'argent ou la personne **Y** ? Sans nul doute, vous allez dire que c'est la personne **Y**. Ainsi, Dieu les a donnés à Moïse afin de donner au peuple hébreu.

Voyons ce que Moïse lui-même a dit : « Lorsque l'Éternel eut achevé de parler à Moïse sur la montagne de Sinaï, il lui donna les deux tables, du témoignage, tables de pierre, **écrites du doigt de Dieu** » (Ex 31. 18).

Puis Moïse continue pour dire : « Les tables étaient l'ouvrage de Dieu, et l'écriture était l'écriture de Dieu, gravée sur les tables » (Ex 32.16).

Pourquoi vous qui professez le Christ ne voulez pas connaître les dix commandements, comme quelque chose sacré ? Pourtant, c'est le Dieu que vous prétendez servir qui les a donnés à ceux qui veulent marcher selon sa volonté.

Dans ce cas, vous n'allez pas vivre une vie selon la volonté de Dieu, mais selon la volonté de l'ennemi. Pourquoi je ne vous ai pas dit selon votre volonté ? C'est parce qu'après le péché, nos grands-parents ont passé notre pouvoir de décision à l'ennemi.

Regardons ce qui est arrivé après que Moïse ait reçu les dix commandements. Pendant qu'il était avec Dieu sur la montagne, le peuple, voyant qu'il tardait à descendre, s'assembla auprès d'Aaron, en lui disant de faire un dieu qui devrait marcher devant lui. Et Aaron a fait un veau en fonte. La colère de Dieu s'est enflammé contre le peuple. C'est alors que Moïse a imploré Dieu pour ne pas tuer le peuple. Et Dieu s'est repenti du mal qu'il avait déclaré vouloir faire à son peuple (Ex 32.1-14).

Pendant que Moïse s'approchait du champ, il vit le veau d'or et les danses. La colère de Moïse s'enflamma ; il jeta de ses mains les tables, et les Brisa au pied de la montagne (Ex 32.19). De ce fait, les deux tables qui contenaient les dix commandements n'étaient plus.

Écoutez ce que Dieu a dit à Moïse : « Tailles deux tables de pierre comme les premières, et j'y écrirai les paroles qui étaient sur les premières tables que tu as brisées » (Ex 34.1). Moïse tailla les deux tables de pierre comme Dieu l'a dit. Il se leva de bon matin, et monta sur la montagne de Sinaï, selon l'ordre de Dieu (Ex 34.4). Ce que Moïse a fait dans les dix commandements, il a taillé simplement les deux autres tables.

Sur la montagne de Sinaï, Moïse fut là avec Dieu quarante jours et quarante nuits. Et Dieu écrivit sur les tables les paroles de l'alliance, les dix paroles (Ex 34.28).

Ce qui est intéressant, Dieu n'a pas permis à Moïse d'écrire même un iota dans les dix commandements. Pourquoi vous ne voulez pas observer les dix commandements ?

Pourtant ceux qui veulent parler bien, faire de belles phrases et qui veulent éviter les malentendus, ne devraient pas négliger les règles grammaticales.

Ce qui est intéressant pour les règles grammaticales de la langue française, il y a des règlements qu'on peut supprimer ou éliminer. Pourtant pour les règles grammaticales d'un chrétien, on ne peut en supprimer aucune.

Les règles grammaticales d'un chrétien ont défié même un principe mathématique ; on sait que dix moins un est égal à neuf (10 – 1 = 9). Pourtant dix moins un est égal à zéro (10 – 1 = 0) pour un chrétien (Jc 2.10).

Voici les règles grammaticales d'un chrétien qui sont les dix commandements. Alors Dieu prononça toutes ces paroles, en disant : Je suis l'Éternel, ton Dieu :

1. TU N'AURAS PAS D'AUTRES dieux DEVANT MA FACE (Ex 20.3).

2. TU NE TE FERAS PAS D'IMAGE TAILLÉE, NI DE REPRÉSENTATION (Ex 20.4-6; Le 26.1; Ps 97.7).

3. NE PAS PRENDRE LE NOM DE L'ÉTERNEL EN VAIN (Ex 20.7; Le 19.12; Mt 5.33).

4. SE SOUVENIR DU JOUR DU REPOS POUR LE SANCTIFIER (Ex 20.8-11; Ez 20.12; Ge 2.2).

5. HONORER SON PÈRE ET SA MÈRE (Ex 20.12; Mt 15.4; Ep 6.2).

6. NE POINT TUER (Ex 20.13; Mt 5.21).

7. NE PAS COMMETTRE D'ADULTÈRE (Ex 20. 14; Mt 5.27)

8. NE POINT DÉROBER (Ex 20.15).

9. POINT DE FAUX TÉMOIGNAGE CONTRE SON PROCHAIN (Ex 20.16).

10. POINT DE CONVOITISE (Ex 20.17; Ro 7.7).

Conclusion

Pour conclure Dieu a dit à ceux qui veulent marcher selon sa volonté : Si vous obéissez à mes commandements que je vous ai prescrits aujourd'hui, si vous aimez l'Éternel, votre Dieu, et si vous le servez de tout votre cœur et de toute votre âme, je donnerai à votre pays la pluie en son temps, la pluie de la première et de l'arrière-saison, et vous recueillerez votre blé, votre mout et votre huile ; je mettrai aussi dans vos champs de l'herbe pour votre bétail, vous mangerez et vous rassasierez (De 11.13-15).

Voilà la promesse que nous avons quand nous garderons les commandements de l'Éternel, notre Dieu. Qu'attendez pour les mettre en pratique dans votre vie?

Pour ceux qui disent que Jésus les a réduits en deux, lorsque l'un des docteurs de la loi lui fit cette question : Maître, quel est le plus grand commandement de la loi ? À Jésus de répondre : Tu aimeras le Seigneur, ton Dieu, de tout ton cœur, de toute ton âme, et de toute ta pensée. C'est le premier et le plus grand commandement. Et continue pour dire, voici le second qui lui est semblable : Tu aimeras ton prochain comme toi-même. De ces deux commandements dépendent toute la loi et les prophètes (Mt 22.35-40).

Je suis content pour vous dire que Jésus ne fait que répéter les paroles qui ont été dans l'Ancien Testament. Voyons ce que Moïse a dit : « Écoute, Israël ! L'Éternel, notre Dieu, est le seul. Tu aimeras l'Éternel, ton Dieu, de tout ton cœur, de toute ton âme, et de toute ta force » (De 6.4,5). Et Moïse poursuit pour dire : « Tu aimeras ton prochain comme toi-même. Je suis l'Éternel » (Le 19.18). De ce fait, il a été réduit en deux depuis l'Ancien Testament.

Cependant, je vais vous dire une chose : En aimant Dieu on doit respecter les quatre premiers commandements. Et en aimant nos prochains, on doit respecter les six autres commandements. Parce qu'on ne peut pas aimer Dieu en faisant des images taillées. Ensuite, on ne peut pas aimer nos prochains en voulant prendre ce qui est à eux.

Qu'est-ce que vous voyez ? La Bible est là pour vous. Au lieu de dire n'importe quoi concernant la parole, il suffit d'aller à la source. Prenez garde que personne ne fasse de vous sa proie par la philosophie et par une vaine tromperie, s'appuyant sur la tradition des hommes, sur les rudiments du monde, et non sur Christ (Col 2.8).

Car celui qui garde les commandements de Dieu demeure en lui, et Dieu en lui ; et nous connaissons qu'il demeure en nous par l'Esprit qu'il nous a donnés (1Jn 3.24). Pourquoi voulez-vous demeurer en Dieu et que vous ne voulez pas garder ses commandements ?

Dieu nous a fait cette recommandation : Ces commandements seront dans ton cœur. Vous les inculquerez à vos enfants. Et vous en parlerez quand vous serez dans votre maison, quand vous irez en voyage, quand vous coucherez et quand vous lèverez. Vous les lierez comme un signe sur vos mains, et ils seront comme des frontaux entre vos yeux. Vous les écrirez sur les poteaux de votre maison et sur vos portes. Dit l'Éternel des armées (De 11.18-20).

Le but du commandement de Dieu, c'est une charité venant d'un cœur pur, d'une bonne conscience et d'une foi sincère (1Ti 1.5). En fait, les commandements de Dieu sont le caractère même de Dieu.

Rappelez-vous qu'une langue n'est pas une langue, si elle n'a pas de règles grammaticales. De même un peuple qui n'a pas de loi, n'est pas reconnu comme peuple souverain. Pour faire partie du peuple de Dieu, vous devez connaître et pratiquer les commandements de Dieu (Ez 20.19). En Éden, il y avait la loi de Dieu (Ge 2.16,17). N'oubliez jamais cela, là où il n'y a point de loi, il n'y a point non plus de transgression (Ro 4.15). Et aujourd'hui encore Dieu nous a donné sa loi (Ex 20.1-17). Car il n'y pas de liberté sans loi.

Vous savez aussi bien que moi, qu'après la mort, il y aura un jugement. Dieu va vous juger à partir de quelle loi ? À partir de quels articles la sentence (*sauvé ou perdu*) va être prononcée ? La loi des hommes, ou une loi dont l'homme ne connait pas, ou la loi de Dieu ?

Paul reconnait qu'il ne peut pas vivre sans la loi de Dieu étant sous la loi de Christ (1Co 9.21). Et nous lisons dans le livre de Romain soit le chapitre treize et le verset huit la loi de Christ : Ne devez rien à personne, si ce n'est de vous aimer les uns les autres ; car celui qui aime les autres accomplit la loi.

Réf : Ésaïe 48.17,18; Deutéronome 4.13; 5.22; Exode 32.16; 21.1; 34.27,28; 31.18; 20.2,3-17; 19.12,13; Matthieu 5.17,18; 19.17 Éphésiens 2.15; Psaumes 119.151,152; 18; 72,93; Romains 4.15; 1Jean 3.4; Jacques 2.10,11; 1Jean 5.3

Questions

1- Votre femme, vos enfants, votre maison, vos voitures, votre travail, vos téléphones, vos habits et même votre sexe ne sont-ils pas des dieux devant L'Éternel ? Réfléchissez bien avant de pouvoir répondre à cette question.

R--

2- Est-ce que vous n'avez pas dit non à l'image taillée, mais oui à la représentation des choses d'en haut ?

R--

3- Combien de blagues donnez-vous par jour dans lesquelles le nom de Dieu se passe en dérision ?

R--

4- Est-ce à nous de choisir le jour du repos de Dieu ? Ou à Dieu de nous donner ce jour ?

R---

5- Savez-vous que les gens qui n'ont pas honoré leurs parents, leurs enfants ne vont pas les honorer à leur tour ?

R---

6- Est-ce que vous pouvez estimer en moyenne combien coûte une vie ?

R---

7- Est-ce que vous savez que l'adultère nous fait toujours souffrir ?

R ---

8- Pourquoi même les voleurs n'aiment pas quand on les dérobe quelque chose ?

R---
9- Si l'ennemi est le père du mensonge, pourquoi les gens qui se disent chrétiens aiment donner du mensonge ?

R---
10- Est-ce que vous savez que la convoitise est la racine de tous les problèmes du monde ?

R---

6

LE VÉRITABLE JOUR DE REPOS

Après la chute de l'ennemi du ciel, il est descendu vers nous sur la terre dans l'unique option de nous emmener avec lui dans le feu qui a été préparé pour lui et ses anges (Mt 25.41).

Pour attendre son objectif, il nous met face aux commandements de Dieu. Une fois rebellés contre Dieu, nous devenons sa proie. Il nous utilise à sa guise, afin que nous puissions être avec lui dans le feu éternel. Il n'a pas besoin qu'on soit totalement opposé à Dieu, car il sait que Dieu ne tolère pas la désobéissance.

Remarquez, ce qu'il a dit à nos grands-parents : Dieu a-t-il réellement dit ? Il crée le doute, il vient avec un peu de vérité pour accompagner le mensonge (vous ne mourrez pas). Pourtant, Dieu leur a bien dit : « Vous mourrez le jour où vous en mangez » (Ge 2.17). Mais en leur disant qu'ils connaitraient le bien et le mal (Ge 3.22), c'est la vérité.

Cela ne s'arrête pas là, malgré le plan de la rédemption de Jésus, il continue d'une façon ou d'une autre à emmener des gens avec lui en attendant que le temps que Jésus a fixé pour l'éliminer soit arrivé.

Le nouveau plan de l'ennemi, c'est de nous laisser auprès de Dieu, tout en négligeant la parole de Dieu. Il nous dit que nous pouvons servir Dieu mais à notre façon. Ce qui est très mauvais de notre part.

Mais, quand nous choisissons de servir l'ennemi, il ne veut pas que nous le fassions à notre guise.

On est disciple de quelqu'un quand on choisit de lui obéir. Une chose est sûre : Celui qui nous dirige est notre Maître. Et un bon disciple, c'est celui qui met en application tout ce que son maître lui dicte.

Ce qui est intéressant avec Jésus, c'est qu'il a lui-même donné les exemples, en tant que Maître, disant : « Ma volonté est de faire la volonté de mon Père » (Jn 6.38). Si le Maître vous a donné l'exemple, pourquoi voulez-vous faire autrement ?

Avant la venue de Jésus et pour arriver jusqu'à l'an 320 après Jésus, tout ceux qui ont désiré d'adorer le vrai Dieu, ils ont observé le jour du sabbat. Mais avec le problème qui existait en l'an 321 entre le gouvernement et la religion, l'empereur Constantin a décidé de résoudre ce problème tout en se faisant convertir au christianisme.

C'est à ce moment qu'on a choisi le dimanche comme jour de repos en lieu et place du samedi. Quand on est chrétien, on doit se fier à la Bible et à la Bible seule, car c'est à travers elle que Dieu a choisi de nous diriger sur la bonne voie. Outre d'elle, nous nous éloignons de la volonté de Dieu.

6.1. Dimanche

Ce jour comme jour de repos est donné par qui ? C'est le dimanche aujourd'hui qu'on ne travaille pas. Qui a donné ce commandement ? Horrible scandale amalgamique, le nouveau dictionnaire Larousse prétend que dimanche est le Septième jour de la semaine, donc, il est placé entre samedi et lundi.

Ce qui revient à dire, que dimanche, le nouveau septième jour suit le samedi qui est le vrai septième jour et précède lundi qui est le deuxième jour de la semaine. Qu'est-ce qu'ils font ? Ils font exactement ce que la Bible prévoyait, « il espèrera changer les temps et la loi… » (Da 7.25).

La Bible révèle et l'ordre des jours depuis la création : Premier jour, deuxième jour, troisième jour, quatrième jour, cinquième jour, sixième jour et septième jour, et la semaine a été bouclée.

À noter qu'il n'y a pas un huitième jour de la semaine. On peut avoir un huitième jour du mois, ou de l'année, jamais de huitième jour de la semaine.

Vous pouvez lire le livre de la Genèse, soit Genèse premier verset cinq à trente-et-un, et Genèse deux verset un et deux, afin de que vous compreniez alors ce qu'est une semaine de sept jours.

À propos des origines de nos jours de la semaine remarquez ceci :

Sonntag : Dimanche en langue allemande

Domingo : Dimanche en espagnol

Domingo : Dimanche en portugais

Dominica : Dimanche en italien

Sunday : Dimanche en anglais.

Lisez attentivement ce que l'Église catholique en France a écrit sur la signification chrétienne du Dimanche : *Le dimanche pour les chrétiens est « le jour du Seigneur », le jour de la résurrection du Christ, le premier jour de la semaine. « Ce jour est le premier », celui où Dieu fit le monde en transformant les ténèbres et la matière, et celui où Jésus-Christ, notre Sauveur est ressuscité des morts. Premier jour de la nouvelle création, c'est le jour de la célébration de la libération des puissances de la mort.*

Il continue pour dire : <u>Le sabbat</u> signifiait déjà une libération, <u>le septième jour,</u> après six jours de travail, <u>était le jour consacré au Seigneur</u> : « Pendant six jours, tu travailleras et tu feras tout ton ouvrage, <u>mais le septième jour est un sabbat pour ton Dieu</u>... » (Ex 20.8-11). Dans l'évangile Jésus assume le sabbat en le dépassant comme un jour de guérison (Lu 14.3,4).

Puis il dit : C'est pourquoi l'<u>eucharistie</u> est au Cœur du dimanche. L'assemblée dominicale célèbre par anticipation le « banquet céleste » et <u>l'espérance</u> du retour du Seigneur. La <u>messe</u> du dimanche exprime à la fois le sens et la finalité de la vie des chrétiens.

Donc la signification du dimanche, pour un chrétien, par la <u>célébration de l'eucharistie</u> à laquelle il est convié, a précédé <u>dans les premiers siècles l'instauration du dimanche comme jour de repos hebdomadaire.</u>

<u>L'heureuse tradition du dimanche chôme, a permis d'enrichir la célébration du jour du Seigneur</u>...

*L'homme ne se réduit pas à la dimension économique. La remise en cause <u>du dimanche</u> qui tendrait à en faire un jour « **comme les autres** » risqué d'occulter le sens de la vie humaine tel que nous l'a <u>révélé le Christ</u>.*

Certes, la vie moderne demande, des aménagements nécessaires pour que la vie sociale soit assurée le dimanche. Ces aménagements ne doivent être considérés que comme des moyens exceptionnels qui ne concernent que certains domaines particuliers (santé, sécurité, transports, professionnels des loisirs...).

Enfin, il y a pour les chrétiens d'aujourd'hui, un appel à rappeler de manière prophétique que « l'homme ne vit pas seulement de pain » (Lu 4.4). <u>En gardant au dimanche le sens de la célébration de la résurrection</u>, l'Église affirme sa volonté de permettre aux chrétiens la possibilité de le vivre dans des conditions favorables. Elle souhaite également, rendre service à la société tout entière, pour qu'elle puisse trouver un chemin qui permette de rendre la vie plus humaine. Fin de citation. (Extrait de document épiscopat numéro 1/2008 « le dimanche au risque de la vie éternelle), p 5.

C'est la même formule que le serpent a utilisée pour induire Ève en erreur. Mélange de mensonge et de vérité. Ce qui est intéressant ; chaque fois qu'il dit la vérité, on donne une référence biblique. Pour les autres qui sont des mensonges, pas de référence. C'est de la démagogie, afin de perdre la vie éternelle.

Réf : Genèse 2.1-3; 1 Chroniques 17.27; Matthieu 28.1; Marc 16. 1,2;9; Luc 23.54-56; 24.1; Jean 20.1;19; Marc 16.11-14; Luc 24.36-40; Actes 20.7,8; 11,13,14; Actes 18.4; 1 Corinthiens 16.1,2; Marc 7.7-13; 1 Jean2.6

6.2. Samedi

Vous allez voir comment on considère le samedi dans l'ancien temps et de nos jours. Voyons ce qu'on dit : **Le samedi est le sixième jour des semaines légales, et le septième et dernier jour selon la religion chrétienne.** De ce fait, si vous êtes chrétien, cela vous suffit déjà pour voir quel est le véritable septième.

Le mot samedi est issu du bas latin sambati dies, variante d'origine grecque du latin sabbati dies signifiant jour du sabbat.

Le samedi est le septième jour de la semaine dans le calendrier ecclésiastique, venant après le vendredi et avant le dimanche

La tradition juive place le premier jour travail, le dimanche.

En Allemagne, le mot conservé pour mercredi, Mittwoch signifie ainsi milieu de semaine. De ce fait samedi est le septième jour.

En Grande Bretagne le proverbe : « Diriaou, an deiz diwezhan nemet daou ». C'est-à-dire, jeudi, le dernier jour moins deux. Cela implique que le dernier jour est bien le samedi.

Les Romains associaient ce jour à saturne, on retrouve encore cette étymologie dans :

L'anglais Saturday, le jour de saturne
Le Breton Disadorn, le jour de Saturne
Le gallois Dudd Sadwrn, le jour de saturne.

Le samedi est le jour saint du Dieu de la Bible. C'est donc le jour du Seigneur. Les juifs le considèrent comme le mémorial de la création (le septième jour de la Genèse), et comme un jour de repos sacré (Sabbat). Il est observé entre le coucher du soleil du vendredi et celui du samedi selon le mode biblique de comptage des jours.

Le samedi saint est appelé le grand Sabbat selon un usage ancien qui remonte aux pères de l'Église. Ce jour-là, en effet, le jour qui précède le dimanche des pâques, Jésus-Christ s'est reposé dans sa mort.

Si les disciples de Jésus devraient considérer le dimanche jour de Sabbat ou comme jour de repos ou comme jour pour adorer Dieu, la Bible va nous le montrer, tout en expliquant ce que les disciples ont fait après la mort de Jésus, à travers le nouveau Testament.

Selon Matthieu : **Après le Sabbat**, à l'aube du **premier jour de la semaine**, Marie de Magdala et l'autre Marie allèrent voir le sépulcre (Mt 28.1).

Selon Marc : Le **Sabbat fut passé**, Marie de Magdala, Marie, mère de Jacques, et Salomé, achetèrent des aromates, afin d'aller embaumer Jésus. **Le premier jour de la semaine**, elles se rendirent au sépulcre, de grand matin, comme le soleil venait de se lever (Mc 16.1,2).

Selon Luc : **Le premier jour de la semaine**, elles se rendirent au sépulcre de grand matin, portant des aromates qu'elles avaient préparés (Lu 24.1).

Selon Jean : L**e premier jour de la semaine**, Marie de Magdala se rendit au sépulcre dès le matin, comme il faisait obscur ; et elle vit que la pierre était ôté du sépulcre (Jn 20.1).

Alors, selon les évangiles, c'est durant la préparation du Sabbat qu'eut lieu la crucifixion de Jésus. Sa résurrection, trois jours plus tard, est célébrée le dimanche suivant.

Dans toutes les religions chrétiennes, on sait que Jésus est mort le vendredi qu'on appelle habituellement vendredi saint, puis il a passé samedi (dénommé samedi saint) au tombeau et il est ressuscité le dimanche dénommé aussi dimanche pâques.

Le samedi saint est, dans le christianisme, le samedi de la semaine sainte, donc la veille du dimanche de la pâque. Et le dimanche de la pâque suit la semaine sainte.

Même dans la liturgie et le sacrément, on retrouve : **La journée du samedi saint l'Église passe <u>ce grand sabbat</u> tout près de Marie, méditant sur les souffrances du Christ, sa mort et son ensevelissement, dans une espérance invincible.** Ils ont dit clairement que le samedi est le sabbat de l'Éternel notre Dieu.

Conclusion

Savez-vous pourquoi Jésus est venu sur la terre ? Je vais vous expliquer pourquoi. Il est venu pour payer notre dette, à savoir mourir pour nous, pour nos péchés, afin que nous puissions recevoir le pardon. Car le salaire du péché c'est la mort.

Étant donné que nos premiers parents ont péché et qu'ils devraient mourir éternellement avec l'ennemi, Dieu a fait le plan de la rédemption afin que nous puissions hériter la vie éternelle.

Ensuite, Jésus est venu nous montrer comment nous devons vivre, étant Fils de Dieu. Car il a été tenté comme nous en toute chose. Et il n'a jamais commis de péché (He 4.15).

De ce fait, Jésus voulait nous donner de vrais exemples. Car il est le modèle parfait. L'apôtre Pierre l'a confirmé en disant : « Jésus nous a appelés, il a souffert pour nous et il nous a laissé un exemple, afin que nous puissions suivre ses traces » (1Pi 2.21).

On ne peut-être chrétien sans vouloir marcher comme Jésus lui-même a marché (1Jn 2.6). L'apôtre Luc déclare : « Jésus croissait en sagesse, en stature et en grâce devant Dieu et devant les hommes » (Lu 2.52).

Si Jésus a voulu remplacer le samedi qui est le septième jour en dimanche, le premier jour, il aurait pu lui-même, l'observer pendant son passage sur la terre. Et la Bible qui est la parole de Dieu aurait pu le mentionner même une seule fois.

Cependant, avant la venue, plus précisément après la sortie du peuple hébreu d'Égypte, il y avait le sabbat hebdomadaire qui est le samedi. Et les sabbats cérémoniels qui peuvent-être n'importe quel autre jour.

Avec la venue de Jésus les sabbats cérémoniels et les sacrifices ont été abolis, car c'étaient l'ombre des choses à venir. C'est-à-dire, ces choses étaient l'antitype et Jésus en est le type.

Pour faire des sacrifices, il y a une série de cérémonies à exécuter, ou un rituel à faire. Avec la mort de Jésus sur la croix, ces cérémonies ont pris fin. Car Jésus est mort une fois pour toutes pour nos péchés (He 9.28). Il suffit d'aller vers lui pour recevoir le pardon pour nos péchés. De ce fait, pas de sacrifice, pas de cérémonie.

À noter que les sabbats cérémoniels ont pris naissance après le péché, plus précisément dans le désert avec le peuple hébreu. Cependant le sabbat hebdomadaire a existé dès la fondation du monde, après que Dieu ait fini de créer toutes choses pendant six (6) jours, et s'est reposé le septième (7e) jour (Ge 2.1,2).

Je sais que vous allez dire qu'au moment de la création, Dieu n'a pas donné de nom aux jours de la semaine. C'est exacte ! Comme la Bible est un livre d'équilibre, elle est là pour nous instruire, pour nous corriger, pour nous enseigner et pour nous convaincre (2Ti 3.16).

Voyons ce que la Bible a dit concernant ce sujet. Pour y arriver, vous devez faire confiance à votre Bible qui est la parole de Dieu. Même avec la venue de Jésus on n'avait pas encore donné de nom aux jours de la semaine.

Cependant, elle va nous corriger et nous convaincre là-dessus. Après la mort de Jésus sur la croix, elle nous dit que le sabbat alla commencer, on pressait de descendre Jésus pour l'enterrer (Mc 15.42).

Car on a eu crucifié Jésus le jour de la préparation du Sabbat (Lu 23.54). Les disciples de Jésus n'ont pas eu le temps de l'embaumer. Ils ont laissé passer le jour du sabbat, à l'aube du premier jour de la semaine, ils se rendirent au sépulcre afin de l'embaumer (Mc 16.1,2). De ce fait, le samedi est le septième jour.

Là encore, vous pouvez dire, c'est une question de septième et premier. Pas de problème ! Dans tous les pays du monde et dans tous les livres de la religion qui puissent exister et qui attestent Jésus comme Dieu ou prophète, quand on parle de Jésus de Nazareth, vous allez trouver que Jésus est mort le vendredi saint ou le sixième jour de la semaine et ressuscita le dimanche pâque ou le premier jour de la semaine (Lu 24.7). Ce que la Bible a révélé.

Selon vous quel est le jour qui se trouve entre le vendredi et le dimanche ? Sans nul doute, vous allez dire **le samedi**. Donc le samedi est le septième. Or la Bible nous a dit que Dieu s'est reposé le septième jour (Ge 2.2,3). De ce fait, le samedi est le sabbat de l'Éternel notre Dieu.

C'est pourquoi, étant chrétiens, nous connaissons que c'est le samedi qui est le véritable septième jour ou le sabbat de l'Éternel notre Dieu.

Les Juifs savent aussi que c'est le samedi, qui est le véritable septième jour ou le sabbat de l'Éternel, sans pour autant croire au Seigneur Jésus.

Si avant et avec la venue de Jésus les gens qui ont accepté Dieu n'ont pas considéré le dimanche ou le premier jour de la semaine comme le sabbat ou septième jour ou jour de repos consacré à Dieu, comment après la venue de Jésus peut-on faire une telle chose ?

L'apôtre Paul serait en contradiction avec lui-même, car il a dit : « Soyez mes imitateurs, comme je le suis moi-même de Jésus-Christ » (1Co 11.1).

De ce fait, si vous ne faites pas confiance à la Bible, mais quand aux paroles que vous dites et tout ce que vous savez concernant la fête de pâques. **Le véritable septième jour ne saurait autre que « le samedi »**.

Questions

1- Vous dites que vous pouvez prendre n'importe quel jour pour adorer Dieu, pourquoi ce n'importe quel jour ne peut pas être le samedi ?

R---

2- Pourquoi vous acceptez que la venue de Jésus n'a pas aboli les neufs (9) autres commandements mais le sabbat qui en est le quatrième (4) ?

R---

Réf : Matthieu 12.8; 24.20 Ésaïe 58.13,14; Exode 20.8-11; Genèse 2.1-3; Colossiens 1.15,16; Marc 2.27,28; Ésaïe 56.1-7; Jérémie 17.27; Luc 4.16; 23.56; Actes 13.42-44; 17.2; 18. 4,11; 1 Jean 5.1-3; 1 Jean 2.6

7

LES SEPT (7) T D'UN CHRÉTIEN

L es sept **T** d'un chrétien c'est comme les dix commandements pour le peuple de Dieu, c'est comme les fruits de l'Esprit dans la vie du disciple, c'est comme le manger et le boire pour une personne qui veut être en bonne santé.

Bien qu'ils ne remplacent ni les dix commandements, ni les fruits de l'Esprit, ni le manger ni le boire, pour avoir une vie chrétienne bien équilibrée, nous devons tenir compte de ces sept T, afin que nous puissions donner du sens à la parole que nous prêchons.

Comme il est toujours dit dans ce livre « **être chrétien** » ne veut pas dire appartenir à une religion.

Mais, avoir un mode de vie suivant laquelle chaque fois que les gens vous voient, ils devraient voir Jésus.

De ce fait, à chaque décision qu'un chrétien devrait prendre, il devrait dire : Que ferait Jésus dans une telle situation ? Que dit Jésus dans la Bible à ce sujet ?

De ce fait, un chrétien doit savoir bien gérer son temps, son talent, son trésor, son travail, son corps en qualité de temple, son niveau de tempérance et son niveau de tolérance.

Avec ces **sept T**, vous n'allez pas avoir besoin de dire à chaque fois que vous êtes chrétien, mais on va dire de vous que vous êtes un disciple de Jésus, donc un chrétien.

7.1. **Temps**

Le temps est une notion qui rend compte du changement dans le monde. La généralisation de la mesure du temps a changé la vie quotidienne, la pensée religieuse, philosophique et scientifique.

Le temps historique est découpé en trois périodes :

*Le passé qui désigne ce qui n'est plus, avant le présent.

*Le présent qui désigne la limite entre le passé qui n'est plus, et le futur qui n'est pas encore.

*Le futur qui désigne ce qui n'est pas encore, après le présent.

Ce qui est intéressant, tout le monde a le même nombre d'heures par jour, qui que vous soyez (riches ou pauvres, grands ou petits, vieillards ou enfants, savants ou ignorants, dirigeants ou dirigés, chrétiens ou païens).

Si tout le monde a les vingt-quatre heures de chaque jour, pourquoi y a-t-il des gens riches et des gens pauvres ? C'est parce que les gens n'utilisent pas les cinq éléments fondamentaux d'une bonne gestion de temps de la même façon.

Voici comment les gens qui réussissent fonctionnent avec le temps :

1- Ils se fixent des objectifs : Un objectif nous donne une direction. Comment bien gérer notre temps si nous ne savons pas où nous allons ?

2- Ils définissent les priorités : Nous devons faire immédiatement les choses importantes et urgentes. Planifions celles qui sont importantes mais non urgentes. Mettons en attente ou déléguons celles qui sont urgentes mais pas importantes. Enfin, mettons en attente ou supprimons celles qui ne sont pas importantes et urgentes.

3- Ils se fixent une limite de temps : Limiter une tâche dans le temps nous permet de canaliser notre énergie et de rester concentrés sur ce nous faisons.

Ils planifient : Planifier notre semaine et nos journées nous permet d'avoir une vue de l'ensemble de nos activités.

4- Ils réalisent une chose à la fois : Nous sommes plus efficaces et concentrés en finissant chaque tâche avant de passer à une autre.

En négligeant ces points, le temps va avoir raison sur vous, et vous resterez à l'état brut de la pauvreté. En fait, ce que coûtent les choses vraiment ce n'est pas de l'argent mais du temps. Car le temps est le trésor le plus précieux que nous ayons parce qu'il est limité. Nous pouvons acquérir plus d'argent, mais pas plus de temps.

Je connais des gens qui passent toutes leurs vies à travailler pour d'autrui, et à la fin, ils ne laissent rien. La raison est simple, ce sont des gens qui ont été exploités, ils ont laissé passer le temps de la jeunesse. Dans leur vieillesse, ils n'ont pas assez de force pour pouvoir résister.

Je connais d'autres gens qui passent toute leur jeunesse à jouer aux cartes, au domino, au football, au basketball etc. Ils ne jouent rien que pour le plaisir. Ces gens-là vont être pauvres avec le temps.

Je connais aussi des personnes, qui passent toute leur jeunesse sans rien apprendre, dans l'attente d'une résidence. Une fois vieillies, le temps n'a pas trop grande importance pour elles.

Savez-vous si vous avez trente (30) ans par exemple vous passez 10 ans au repos dans le sommeil ?

C'est pourquoi le sage Salomon eut à dire : « Il y a un temps pour tout, un temps pour toute chose sous les cieux : Un temps pour naître, un temps pour planter, un temps pour arracher ce qui a été planté ; un temps pour construire, un temps pour chercher, un temps pour coudre, un temps pour parler, un temps pour rire, un temps pour aimer... » (Ec 3.1-8).

S'il y a un temps pour tout, alors, il y a un temps pour travailler, un temps pour prier, un temps pour louer, un temps pour jeûner, un temps pour dormir aussi.

Comment une personne qui se dit chrétienne n'a pas de temps pour travailler ? Or il est dit clairement dans le livre d'Exode qu'on doit travailler pendant six (6) jours. Et vous, vous prenez tout votre temps pour jeûner. Est-ce Dieu qui vous a dit de faire cela ?

Si vous prenez vos seize heures par jour pour faire des choses futiles ou qui ne rapportent rien, comment allez-vous dormir, quand c'est l'heure de dormir ?

Jeûner, prier, louer Dieu ce sont de bonnes choses. Mais passer tout son temps à les faire, sans travailler, est un péché. Même dans le jardin d'Éden qui était un paradis, l'homme ne passait pas tout son temps à jeûner, à prier, à louer Dieu seulement. Dieu a donné cet ordre à l'homme de cultiver et de garder la terre (Ge 2.15). C'est parce que Dieu lui-même a travaillé pendant six (6) jours et il s'est reposé le septième jour (Ge 1;2)

Si Dieu nous a donné l'exemple dès la création, pourquoi les chrétiens ne veulent pas le suivre ? La raison est simple, parce qu'ils ne sont pas ses disciples.

Priez sans cesse ne veut pas dire qu'on doit rester tout le temps au sein d'un temple ! Si vous êtes un pasteur, c'est bien ! Cependant, on paie le pasteur. Vous ne voyez pas les beaux costumes des pasteurs ? On les paie avec les dîmes de l'Éternel (No 18.21). C'est sur l'ordre de L'Éternel. Et vous ! Qui vous a payé pour rester tout le temps dans le temple en jeûnant ?

Je vais vous dire une chose : Si vous passez vos seize heures à travailler par jour, vous aurez toujours de quoi à manger, et vous aurez toujours de quoi à donner à vos prochains qui sont dans le besoin.

Apprenez à bien gérer votre temps, pour que, à la fin de votre vie sur la terre, si Jésus n'est pas encore de retour, votre maison dans le quartier où elle se trouve, soit une bénédiction pour le quartier.

Que se passera-t-il si vous voyez un chauffeur qui roule à cent vingt mille kilomètre par heure, sur une autoroute en train de naviguer sur internet dans son téléphone ? Sans nul doute, vous allez dire qu'il y a de fortes chances pour qu'il soit accidenté. De même, si vous utilisez à mauvais escient votre temps, vous allez finir votre vie dans la misère.

On peut jeûner, prier, louer Dieu au bureau, au marché. Il n'y a pas un endroit spécifique pour faire ces genres de chose. Partout où vous êtes, Dieu est là. C'est pourquoi David eut à dire : « Si je monte aux cieux, tu y es ; si je me couche au séjour des morts, t'y voilà » (Ps 139. 8).

Le temps est un joueur avide qui gagne toujours, quand vous le laissez passer sans l'utiliser.

Donc, bien gérer votre temps ne veut pas dire non plus de travailler pendant les vingt-quatre heures de la journée, afin que vos yeux ne soient jamais rassasiés de richesses (Pr 4.8).

Ne soyez pas cupide en cherchant continuellement de l'argent sans vous reposer et sans jouir sainement des plaisirs de la nature. Car celui qui aime l'argent n'est pas rassasié de l'argent, et celui qui aime les richesses n'en profite (Ec 5.9). Vous commettez aussi un péché. Vous avez obéi à une seule partie du commandement aussi.

Ce que vous devez comprendre, c'est pour l'homme une chose bonne et belle de manger et boire, et de jouir du bien-être au milieu de tout le travail qu'il fait sous le soleil, pendant le temps de vie que Dieu lui a donné ; car c'est là sa part (Ec 5.17).

Prenez du temps pour travailler, pour vous reposer, pour votre famille, pour vous former (intellectuellement et spirituellement), jouir du bonheur, faire du sport, lire la Bible, louer Dieu et évangéliser. Tout ce que vous faites, faites-le pour la gloire de Dieu. Car ce qui arriva du temps de Noé arrivera aussi aux jours du Fils de l'homme (Lu 17.26).

Pour arriver à faire cela, Andy Warhol nous a conseillé en disant : « On dit que le temps change les choses, mais en fait le temps ne fait que passer et nous devons changer les choses nous-mêmes ».

Enfin n'oubliez jamais cela : **Ne laissez pas votre passé vous empêcher de vivre le présent, et ne laissez pas le présent s'accaparer de vos rêves.**

7.2. Talent

Beaucoup de gens pensent qu'ils n'ont pas de talent pour faire quelque chose à l'Église ou dans leur vie. C'est-ce qui arrive à tous ceux qui oublient leur boussole.

Le talent se définit ainsi selon le petit Larousse :

1- Aptitude particulière à faire quelque chose.

2- Capacité, don remarquable dans un domaine quelconque.

3- Personne douée dans un domaine.

Tout le monde est doué de capacités innées dans lesquelles nous pouvons exceller si nous les développons. Nous sommes tous capable d'être bons, talentueux, dans un domaine qui nous fait vibrer.

Notre talent est une qualité, une compétence qui nous est spécifique et nous caractérise personnellement.

Je précise donc qu'un talent est ce don qui vous est propre et qui est à développer, à déployer, à exercer, à dépasser parce que là est votre raison d'être, là est votre mission.

Votre talent vous mène à votre vocation, qui émane donc de ce que vous êtes, de qui vous êtes, de ce qui vous rend unique. De plus, cette vocation va donner un sens à votre vie.

Votre talent est votre marque de fabrique, ce que vous voulez réaliser, la formule magique qui vous motive.

Un talent n'est donc pas une compétence figée une fois pour toute dans un domaine spécifique. C'est un don qui facilite effectivement notre vie et celle d'autrui, par son exercice et son partage.

Le talent c'est ce que chacun de vos proches reconnait comme unique chez vous et qui lui manquerait le plus si vous n'étiez pas là.

Trouvez votre talent ou vos talents, cela conduira tout droit à votre vocation. Il y va du sens de votre vie.

Je vous invite donc à visualiser ce que vous savez faire le mieux, sur ce qui vous motive le plus, sur ce que vous faites avec plus de facilité. Et vous verrez que vous aviez un ou plusieurs talent (s).

L'essentiel c'est ce que vous arrivez à le reconnaître. À propos, tout talent négligé a toujours tendance à disparaître. Le plus souvent, on néglige ses talents au profit de ceux des autres.

Qu'est-ce qui arriverait à Michael Jordan s'il voulait être à la place de Pelé, ou à Cristiano Ronaldo à la place de Lebron James ? Ce serait un monde à l'envers. Pourtant, chacun d'eux a ses propres talents pour pouvoir réussir dans la vie. Évitez d'être quelqu'un d'autre dans votre vie.

Malheur à vous si vous négligez votre talent ou vos talents ! Et vous allez voir ce qui va se passer quand vous laissez votre talent au repos. Car le Créateur a donné du talent à tout le monde.

Dans la parabole des talents, Jésus raconta qu'un maître, partant pour un voyage, appela ses serviteurs, et leur remit ses biens : Il donna cinq (5) talents à l'un, deux (2) à l'autre, et un (1) au troisième, à chacun selon sa capacité, et il partit (Mt 25.14,15).

Ce qui est intéressant et qui me réjouit le cœur, il n'y a pas de personne qui reste sans talent. De ce fait, tout le monde a son ou ses talent (s), tout dépend de sa capacité.

Vous allez voir ce qu'a fait chacune de ces personnes :

- Celui qui a reçu cinq (5) talents s'en alla, les fit travailler, et il gagna cinq (5) autres talents (Mt 25.16).

- Celui qui a reçu deux (2) talents en gagna deux (2) autres. Tout en les faisant travailler (Mt 25.17).

- Celui qui n'en a reçu qu'un (1) alla faire un creux dans la terre, et cacha l'argent de son maître. C'est-à-dire, le talent que son maître lui a confié (Mt 25.18)

Le maître est de retour, et leur fit rendre compte :

- Celui qui a reçu les cinq talents s'approcha, en apportant cinq autres talents, en disant : « Seigneur, tu m'as remis cinq talents ; voici, j'en ai gagné cinq autres ». Son maître lui dit : « C'est bien, bon et fidèle serviteur » (Mt 25.19-21).

- Celui qui a reçu les deux talents s'approcha aussi, et il dit : « Seigneur, tu m'as remis deux talents ; voici, j'en ai gagné deux autres ». Son maître lui dit : « C'est bien, bon et fidèle serviteur » (Mt 25.22,23).

- Celui qui n'a reçu qu'un talent s'approcha ensuite et dit : « Seigneur, je savais que tu es un homme dur, j'ai eu peur, et je suis allé cacher ton talent dans la terre ; voici, prends ce qui est à toi ». Son maître lui répondit : « Serviteur méchant et paresseux. Otez-lui donc le talent, et donnez-le à celui qui a les dix talents » (Mt 25.24-28). Car on donnera à celui qui a et il sera dans l'abondance, mais à celui qui n'a pas on ôtera même ce qu'il a (Mt 25.29).

De ce fait, vous devriez chercher votre ou vos talent (s) et de le (s) faire travailler, car tout le monde en a reçu un ou plusieurs pour prospérer dans la joie.

7.3. Travail

Beaucoup de gens parlent de travail sans pour autant réfléchir à ce que cela signifie vraiment, et en discerner le vrai sens. Et ce qui est plus étonnant encore, même les chrétiens n'ont pas pu en donner l'exemple.

Cependant, il y a un groupe de gens qui comprennent bien la définition de ce mot, et c'est pourquoi leurs vies fonctionnent bien. Ils ont des entreprises, des maisons, des voitures, des gens qui travaillent avec eux. Leurs enfants sont très heureux !

Pourtant la grande majorité n'a pas su remarquer cela. C'est pourquoi il y a tant de gens pauvres, surtout en Haïti. Nos jeunes gens qui ont 18, 25 et même 30 ans sont sous la responsabilité de leurs parents. Ces derniers sont fautifs, mais les plus grands fautifs, ce sont les jeunes, parce qu'ils gaspillent leurs forces et leurs temps.

Ce qui est pire, même les gens qui se disent enfants de Dieu vivent en paresseux ou parasites. La raison pour laquelle ils sont comme cela, c'est parce qu'ils ont une Bible et n'ont pas le temps de la lire. Ils vivent comme des esclaves, et laissent aux vrais esclaves de mener une vie de prince (Ec 10.7).

De ce fait, ce sont les gens du dehors qui possèdent presque toutes les richesses de la terre, en menant une vie de travailleur comme notre maître Jésus (Ge 1; 2).

Pour avoir une vie heureuse et complète, la semaine a sept (7) jours, et voici comment Dieu nous a recommandé de l'utiliser : Tu travailleras six (6) jours, et tu feras tout ton ouvrage. Mais le septième jour est le jour du repos de l'Éternel, ton Dieu... (Ex 20.9,10)

Comment les chrétiens peuvent passer sept jours sur sept au repos ? Sept jours sur sept dans des programmes de jeûne ? Ou du moins, quand on demande : Qu'est-ce que tu fais comme travail mon frère ? Je suis ancien d'Église, ou je suis diacre de l'Église, ou je suis directeur de tel ou tel département ? C'est comme si : Être ancien, être diacre ou être directeur de l'Église est un travail qui va leur permettre de prendre soin de leur famille. Certes, c'est un job, mais on ne paie pas pour ce genre de travail en Haïti (Notamment à l'Église Adventiste du 7e jour).

Ce qui est frustrant dans tout cela, c'est qu'à chaque ouverture du saint sabbat ; ils répètent : Souviens-toi du jour du repos, pour le sanctifier. Tu travailleras six jours, et tu feras tout ton ouvrage. Mais le septième jour est le jour de l'Éternel, ton Dieu... (Ex 20.8-11). Hélas !

Ce commandement a deux parties : **Travail (six jours) puis repos (septième jour)**. Si vous passez tout votre temps à vous reposer, vous êtes en rébellion contre ce commandement. Il y a une partie qui n'est pas respectée.

Il y a des gens quand ils étaient païens, ils faisaient tous pour gagner leur pain honnêtement, tout en travaillant. Mais une fois entrés à l'Église, ils se mettent sous la responsabilité de l'Église. Pourtant, l'Église devrait fonctionner avec la dîme et l'offrande apportées par ces membres.

Ce sont des jeunes, ils ont toute leur énergie pour travailler. Mais ils se considèrent comme des vieillards ou des veufs (veuves). Hélas !

Ces gens-là, ce sont des paresseux, et c'est la raison pour laquelle l'apôtre Paul a abondé en ces termes : Si quelqu'un ne veut pas travailler, qu'il ne mange pas non plus. Ils vivent dans le désordre, tout en s'occupant des choses futiles. Que ces gens-là trouvent un travail à faire afin de manger leur propre pain paisiblement (2Th 3.10-12).

Ce qui est pire dans tout cela, ils ne veulent même pas aller dire aux autres qui sont au dehors que Jésus revient bientôt. Ils se contentent de venir à l'Église seulement, et aiment quand on leur dit ancien, diacre ou directeur. C'est-ce qui importe pour eux. Malheur aux commissaires s'ils n'ont pas été nommés. Hélas !

Pourquoi vous voulez suivre Jésus et que voulez-vous pas faire ce qu'il a fait ? Dieu est un travailleur. Vous savez pourquoi le travail est important ? Parce qu'il rend heureux non seulement nous-même, mais aussi notre famille, nos parents et nos prochains.

Pour faire de bonnes œuvres, vous devez posséder. Pour posséder, vous devez travailler afin que les gens du dehors, en voyant vos bonnes œuvres, louent Dieu pour cela (Mt 5.16). On donne ce qu'on a. Fuyez la paresse, car les désirs du paresseux le tuent, parce que ses mains refusent de travailler (Pr 21.25).

Beaucoup de gens veulent toujours trouver des jobs de bureau. Ils passent tous leurs temps à chercher et rechercher, sans jamais penser qu'ils peuvent créer eux-mêmes une activité qui va leur permettre de gérer leur vie, et trouver de quoi pour venir en aide à ceux qui sont dans le besoin. C'est-à-dire, leurs prochains.

Peut-être n'avez-vous pas les idées, cela peut arriver. Je vais vous donner quelques exemples : Taxi (voiture, camionnette, moto), boutiquier, réparateur de pneus, vendeur de boissons gazeuses et de l'eau, marchands de tissus ou vêtements, vendeurs de pâtés, marchands de fruits, marchands de jus de fruits, cordonnier, forgeron, cireur de souliers, couturier, plombier, ferrailleur, maçons, charpentier, ébéniste pour ne citer que ceux-là.

Contrairement à son père adoptif qui a été un charpentier, Jésus est le créateur de toute chose (He 1.10), pourquoi vous qui vous dites chrétiens, ne voulez pas travailler, ou du moins ne voulez pas considérer les métiers manuels. Ce sont des excuses pour cacher votre paresse, tout en oubliant que le chemin des paresseux est comme une haie d'épines, mais le sentier des hommes travailleur est aplani (Pr 15.19).

C'est pourquoi le sage Salomon nous a donné cette recommandation : « Tout ce que ta main trouve à faire avec ta force, fais-le » (Ec 9.10).

Il est à noter que dans les pays développés, le sport est un travail pour ceux qui le pratiquent. Ils peuvent gagner leur vie en pratiquant une discipline quelconque telle que : Le football, le basketball, le volley Ball, le tennis, le karaté, la dance, la musique etc.

Je vais vous faire une confidence : Cristiano, Messi, Neymar jouent au football pour gagner leur vie. Car le foot est un travail pour eux. Mais beaucoup de nos jeunes haïtiens passent leurs temps à parler d'eux sans pour autant gagner un sous en retour.

Le football est un jeu pour certains, et pour d'autres c'est une profession ou un boulot. Cependant, en prenant toute une journée pour parler de ces personnes, c'est du temps perdu.

Tout le monde ne peut pas être roi ou prince ou président ou docteur ou avocat ou ingénieur ou comptable ou écrivain. On a besoin de tout et tout pour faire un monde. On a un exemple très clair de la création, on a toutes sortes de bêtes, d'arbres et de fleurs. Ensuite, Caïn fut laboureur, Abel fut berger (Ge 4.2). Et c'est-ce qui nous a montré comment notre Dieu est très digne d'être loué en qualité de créateur (Ro 1.20).

Dans le monde on rencontre trois (3) types de personnes :

1. Ceux qui ne veulent pas travailler, mais veulent vivre au dépens des autres. Ce sont des paresseux, parasites, moqueurs ou destructeurs.

2. Ceux qui veulent travailler, ils savent que le travail est bon, mais ne peuvent pas travailler 7/7. Alors, ils travaillent six jours et se reposent le septième jour comme leur Créateur s'est reposé lui-même de ses œuvres (He 4.10).

3. Ceux qui veulent travailler, travailler, travailler nuit et jour sans relâche pour gagner de l'argent. Ces personnes n'auront pas le temps de jouir de tout le bonheur qui leur est réservé. Hélas ! Ce sont des cupides.

Je vous conseille d'éviter les deux (2) extrêmes pour avoir une vie meilleure. Car en agissant ainsi vous accomplirez le quatrième commandement du Décalogue. C'est-à-dire, **travailler et reposer**. Et vous serez béni !!!

N'oubliez jamais cela, en travaillant vous pouvez jouir de tout le bonheur du monde, vous pouvez offrir des fleurs à votre femme, vous pouvez donner des cadeaux à vos enfants. Car l'âme des hommes travailleurs sera rassasiée. Mais l'âme du paresseux a des désirs qu'il ne peut satisfaire (Pr 13.4).

Savez-vous pourquoi, il y a tant de corruption en Haïti ? Parce que beaucoup de parents ne travaillent pas. De ce fait, un marié fréquente une jeune fille et les parents de la victime n'ont rien à dire. Car c'est le monsieur qui paie le loyer, l'écolage et fait tout. Même à l'Église on trouve cette situation. Hélas !

Ce qui est intéressant, le travail est tellement important dans la vie d'une personne, même sur la nouvelle terre, nous aurons à travailler. Car nous ne construirons pas nos maisons afin qu'un autre puisse en jouir (Es 65. 21,22).

7.4. Trésor

Le trésor est un ensemble de ressources naturelles ou produites par l'activité humaine, et propre à satisfaire les besoins, les désirs des hommes. Ou c'est un ensemble de choses de valeur (or, argent, objets précieux, pierreries, titres, etc.) accumulés et souvent soigneusement cachés.

Considérons l'argent en tant que trésor :

L'argent en tant que trésor et monnaie se définit ainsi : C'est un instrument de paiement en vigueur en un lieu et à une époque donnée. Elle est censée remplir trois fonctions principales : Échanges, réserve de valeur et unité de compte. Chaque monnaie se définit sous le nom de devise, pour une zone monétaire.

Une monnaie se caractérise par la confiance que les utilisateurs dans la persistance de sa valeur et de sa capacité à servir de moyen d'échange. Elle a des dimensions sociales, politiques, psychologiques, juridiques et économiques.

L'argent pourrait être la force de chaque homme et la richesse de la nature mais on le fait devenir un dieu. Hélas !

Le pourvoir de l'argent : Il transforme la fidélité en infidélité, l'amour en haine, la haine en amour, la vertu en vice, le vice en vertu, le valet en maître, le maître en valet, le crétinisme en intelligence, l'intelligence en crétinisme. Il oblige à s'embrasser, ce qui se contredit. Il est la fraternisation des impossibles.

Ce qui est intéressant concernant l'argent, il n'a pas le pouvoir de changer l'enfer en paradis, ni le paradis en enfer. Même si certaines personnes vous disent qu'elles peuvent chanter une messe pour vous, afin que vous puissiez passer de l'enfer au purgatoire et une autre messe pour vous emmener au paradis. C'est de la salade crue, non de l'évangile. Cependant, il a le pouvoir de changer votre vie de pauvreté en une vie bien meilleure, de prendre soin de votre famille, de vous éduquer, de voyager, d'aller à l'hôpital, de jouir de tout le bonheur de ce monde sainement et d'aider votre prochain.

Avoir beaucoup d'argent sainement, c'est être riche, ne pas en avoir c'est être pauvre. Et pour avoir beaucoup d'argent, il ne suffit pas seulement de travailler pour les gens. On doit aussi investir même ses faibles moyens afin d'y arriver.

Être riche est une bénédiction et être pauvre en est le contraire. C'est pourquoi le psalmiste David eut à dire : « J'ai été jeune, j'ai vieilli ; et je n'ai point vu le juste abandonné, ni sa postérité mendiant son pain. Toujours il est compatissant, et il prête ; et sa postérité est bénie » (Ps 37.25,26).

Remarquez un fait important dans la Bible ! Chaque fois que Dieu bénit un homme, il devient un riche. Adam, Abraham, Isaac, Jacob, Joseph, David, Salomon, Job etc. En sont des exemples. Dieu n'a jamais béni un homme, et que ce dernier reste dans la pauvreté. Jamais ! C'est pourquoi le psalmiste eut à dire : « Du fumier il relève l'indigent, pour les faire asseoir avec les grands de son peuple » (Ps 113.7,8).

Malheureusement, quand on parle de trésor, d'argent et de richesse à l'Église, on a tendance à le voir mal, tout en oubliant que Dieu n'est pas pauvre. C'est bien d'être riche. Car Abraham, Jacob, Salomon, Job étaient des gens très riches, et ils étaient aimés de Dieu.

Certains disent qu'avoir beaucoup d'argent est mauvais, pourtant, ils sont prêts à tout pour en avoir. Ils organisent des journées de jeûne pendant une semaine, tout en vous motivant d'apporter vos dîmes et vos offrandes à chaque réunion. Ils habitent de belles maisons et ils possèdent de belles voitures, et vous, vous n'avez même pas une chambre pour dormir, voire une voiture pour emmener votre famille à l'Église.

La pauvreté engendre la prostitution, la corruption, la misère, la médisance. Si c'est votre pasteur qui paie toujours votre loyer, qui donne toujours de quoi à manger à votre famille, ne vous étonnez pas un beau jour si vous le voyez sur votre lit. Car la pauvreté engendre beaucoup plus de dégâts que la richesse. Un chien qui est entouré d'os ne danse pas pour un os qui se trouve entre les mains d'une personne. Attention !

C'est pourquoi Jean-François Somain eut à déclarer : « L'argent n'a pas d'importance, mais le manque d'argent, oui ». Et le roi Salomon en parlant à Dieu, eut à dire : « Ne me donne pas de la pauvreté, afin que je n'aille pas dérober les affaires des autres » (Pr 30.8,9).

On dit souvent que l'argent n'apporte pas le bonheur. Cependant le bonheur ne vient jamais de la pauvreté ou de la misère.

Je vous invite à lire ce qui est écrit dans le quatrième commandement : Mais le septième jour est le jour du repos de l'Éternel, ton Dieu : Tu ne feras aucun ouvrage, ni toi, ni ton fils, ni ta fille, ni ton serviteur, ni ta servante, ni ton bétail, ni l'étranger qui est dans tes portes (Ex 20.10). Pour avoir des serviteurs, des servantes, du bétail et même des gens qui séjournent chez nous, croyez-moi, nous ne devons pas être pauvres, nous qui sommes chrétiens. Mais le contraire s'est produit à cause des gens qui se disent être chrétiens et ne le sont pas, en réalité.

On dirait que les richesses de la terre n'ont pas été faites pour les chrétiens mais pour les païens. C'est comme si le Dieu que nous servons est le Dieu des païens, et nous les chrétiens, sommes des esclaves. Faux ! Étant fils de Dieu, il ne nous a pas créés pour vivre dans la pauvreté.

Le sage Salomon eut à dire : « J'ai vu des esclaves sur des chevaux, et des princes marchant sur terre comme des esclaves » (Ec 10.7). Notre Dieu est celui qui possède tout, il est le Roi des rois et nous qui sommes ses enfants, nous sommes des princes. Et les princes ont une vie extraordinairement belle, non une vie de mendicité.

Cependant, nous avons des chrétiens qui sont extrémistes, soit qu'ils sont des paresseux, ils n'aiment pas travailler pour gagner de l'argent, soit qu'ils sont des cupides, ils veulent travailler, travailler rien que pour avoir beaucoup plus d'argent sans vouloir partager avec leur prochain. Hélas !

En tant que chrétiens, vous ne devez pas faire de l'argent ou les richesses de la terre votre Dieu. Car celui qui aime l'argent n'est pas rassasié de l'argent, et celui qui aime les richesses n'en profite plus (Ec 5.9).

Nous devons avoir à l'esprit que si nous avons beaucoup d'argent, et nous pouvons en jouir, c'est un don de Dieu. Il y a des gens qui se battent pour avoir beaucoup d'argent, mais Dieu n'a pas permis à eux d'en jouir.

Cependant, il y a des gens qui se disent chrétiens, on ne peut pas toucher leurs biens. Ils sont prêts à vous éliminer dans un clin d'œil pour leurs trésors. Ne vous livrez pas à l'amour de l'argent ou de la richesse (He 13.5). **Soyez maîtres de votre trésor, et que votre trésor soit là pour vous servir. Ne soyez pas le serviteur de votre trésor.**

Ne mettez pas votre confiance dans l'argent, car il ne peut pas donner la vie éternelle, mais mettez votre argent disponible pour tout le monde, et vous aurez un trésor dans le ciel, et une place dans le royaume de Dieu (Mt 19.21). Car là où est ton trésor, là aussi sera ton cœur (Mt 6.21).

Pour finir, cette partie, Clément Marot a déclaré : « *Être content sans vouloir d'avantage, c'est un trésor qu'on ne peut estimer* ».

7.5. Tempérance

La tempérance est un mot que beaucoup de chrétiens ont souvent négligé, pourtant, c'est un élément du fruit de l'Esprit lequel a une très grande importance dans la vie d'un chrétien. Ce qui attire mon attention, c'est que les chrétiens ne donnent pas d'importance au fruit de l'Esprit. Hélas !

La **tempérance** se définit ainsi : Modération ou retenue volontaire de soi-même. Elle est typiquement décrite en fonction de ce qu'un individu se retient de faire.

Quand nous lisons dans le livre de Philippiens, soit le chapitre quatre et le verset cinq, il est dit : « Que votre tempérance soit connue de tous ». (Traduction libre, NDT)

Dans la vie, il y a des choses qui méritent d'être mesurées et il y a d'autres qu'on doit éviter complètement. Ainsi, les bonnes choses peuvent causer des problèmes si on en prend trop. De même, on doit éviter la cigarette, la drogue, l'alcool, le thé, le café, les sodas... En arrivant à contrôler votre vie de cette manière, là, vous êtes tempérant.

Voyons pourquoi ce mot est important. En posant quelques questions :

Quelles sont vos habitudes de travail ?

Avez-vous des horaires raisonnables ?

Réservez-vous du temps pour Dieu, votre famille, des loisirs, l'entretien de votre forme physique et pour aider les autres ?

Combien d'heures de sommeil consacrez-vous par jour ?

L'excès de sommeil, tout comme le manque de sommeil, peut avoir des effets néfastes sur la santé.

Comment est votre alimentation ? Manque de nourriture entraine la malnutrition. De même que la gourmandise entraine l'indigestion.

Savez-vous que la lumière du soleil est bonne pour la santé ? Mais les rayons solaires deviennent cancérigènes quand on s'y expose pendant des heures.

Savez-vous que l'exercice physique est important comme la nourriture et la boisson pour le corps ? Mais, il devient dangereux quand on en fait trop.

Savez-vous que la sexualité est très importante au sein d'une famille ? Cependant, elle a des effets négatifs (indirectement ou directement), quand on la pratique trop.

Savez-vous que **l'alcool** est mauvais pour la santé ? Ivresse, dépendance et autres effets secondaires, ce sont les conséquences de son usage que l'organisme peut subir.

La mère de Samson lui a défendu de boire du vin et de liqueur forte (Jg 13.4), car il a été consacré à l'Éternel. Jean-Baptiste lui aussi a été défendu de boire du vin et de liqueur enivrante. Car il a été rempli de l'Esprit-Saint dès le sein de sa mère (Lu 1.15).

Savez-vous pourquoi l'alcool n'est pas bon pour la santé ? Parce qu'il change les caractères des gens, car on finit toujours par regretter après l'effet de l'alcool. Prenons par exemple Noé, après s'être enivré, a été obligé de maudire l'un de ses enfants (Ge 9.21-27). Le vieux Lot a été enivré par ses deux filles afin de coucher avec lui, pour avoir des enfants. Et Lot n'était pas conscient de tout cela, car il était ivre (Ge 19.31-38).

Savez-vous que l'alcool perturbe le sommeil ? Plus précisément, il dérègle le cycle d'assoupissement, exacerbe certains troubles et, en retour, provoque des répercussions sur les périodes d'éveil. Car le sommeil est un processus complexe. Il se caractérise par une alternance de sommeil profond (dit paradoxal, la phase de rêve), et de sommeil lent. La succession de ces deux phases est une condition essentielle à l'équilibre de la personne.

L'alcool perturbe grandement cette séquence car il augmente la durée du sommeil et réduit notamment le sommeil paradoxal. Et cela entraine : Réveils nocturnes, ronflements, maux de tête, transpiration, vomissements, cauchemars, assèchement de la bouche, manque de concentration, réduction de mémoire et de capacité de réfléchir, diminution de capacité physique, provocation aussi de la fatigue musculaire et mentale. Savez-vous que l'alcool tue beaucoup de gens dans le monde en silence, tels que les chauffeurs, les pères de famille, les mères de famille et que même les enfants ne sont pas épargnés ? C'est pourquoi l'apôtre Pierre nous met en garde en disant : « Soyez, sobres, veillez. Votre adversaire, le diable, rode comme un lion rugissant, cherchant qui il dévorera » (1Pi 5.8).

Une personne ivre ne peut pas veiller ou rester sobre. C'est pourquoi, on devrait éviter l'alcool. Car il tue notre corps et notre esprit. Cela entraine aussi des troubles de la motricité, traumatismes, accidents, la violence familiale ou domestique, la cirrhose du foie, le cancer, la démence et même la pauvreté ou la misère.

De ce fait, ne faites pas de compromis avec ce piège dangereux. Car personne n'est épargné de ce poison violent.

Dans le monde entier, le **tabac** ou la **cigarette** tue beaucoup plus de gens que son ami alcool, pourtant personne ne prête attention à ce phénomène.

Ce qui est hilarant et bizarre dans ce phénomène, c'est que les producteurs nous disent que c'est nocif pour la santé dans les pages publicitaires. On dirait que cela encourage beaucoup plus les gens à les consommer. Ce qui est pire, même les médecins en font usage.

La **nicotine** est un poison. Le tabac nous donne des problèmes respiratoires, il élimine petit à petit notre poumon, il produit le cancer. En fait, le tabac nous détruit.

Évitons de prendre ce poison. Car rien ne vaut la vie. Notre corps est un don de Dieu, nous devons en prendre soin. Car, après avoir détruit notre organisme, Dieu lui-même en retour va nous détruire (1Co 3.17). Vivons pour plaire à Dieu et à nos prochains.

La drogue. Elle est l'un des éléments qui ne donnent pas de chance, une fois qu'elle rentre dans notre vie, elle nous élimine. Que ce soit la **drogue dure** ou la **drogue douce**.

Beaucoup de parents ont beaucoup souffert à cause de la drogue, elle bascule toute une vie, que ce soit la cocaïne, la marijuana, le craque (drogue dure). Ou le tabac, l'alcool, le vin (drogue douce). Ces genres d'éléments nous mettent dans des états critiques.

Notre cerveau n'a pas été fait pour ces genres de produit. Quand nous inhalons de la drogue, elle va directement au cerveau, et plus tard nous finirons par perdre notre bon sens.

Notre sang n'a pas besoin de la drogue. Quand nous en injectons dans notre sang, elle élimine soit les globules blancs ou les globules rouges, soit les deux à la fois. Et cela nous rend très vulnérables.

Je n'ai jamais vu de consommateur de ces produits, ayant une fin de vie heureuse. Hélas !

C'est la raison pour laquelle nous sommes conseillés par l'apôtre : Soit donc que vous mangiez, soit que vous buviez, soit que vous fassiez quelque autre chose, faites tout pour la gloire de Dieu (1Co 10.31). C'est à ce moment que vous êtes tempérants. Que vous ne soyez en scandale à personne (1Co 10.32).

7.6. Temple

Beaucoup de gens ont tendance à penser au bâtiment, au lieu de penser à leur corps, quand on parle de temple. C'est-ce qui arrivait au temps de Jésus, lorsqu'il disait aux juifs : « Détruisez ce temple, et en trois jours je le relèverai. Ces juifs étaient furieux contre lui, parce qu'il a fallu 46 ans pour bâtir ce temple. Cependant, Jésus parlait du temple de son corps » (Jn 2.19-21).

Aujourd'hui encore, on a toujours les mêmes réflexions, quand nous parlons du temple au sein de l'assemblée. Ce qui est triste dans tout cela, ces gens veulent bien entretenir leur temple. Il y en a qui ont une architecture extraordinaire, des fenêtres et des portes en vitre, des murs en marbre ainsi que des céramiques ou bien des tapis. Tout est bien organisé. Ces dirigeants contrôlent tout et tous. C'est bien et même très bien !

Cependant, Dieu n'a pas donné sa vie pour ces édifices. Il a donné sa vie pour nous, les hommes. Mais les humains mettent toutes sortes de drogue dans leurs corps, mangent toute sorte de viande impure, commettent de l'impudicité et de l'adultère, changent leur sexe, pratiquent l'homosexualité, l'intersexualité et la bestialité. Hélas !

Ils n'ont pas de respect pour Jésus qui les a rachetés à un grand prix et qui leur dit : Glorifiez Dieu dans votre corps et dans votre esprit qui appartiennent à Dieu (1Co 6.20).

L'apôtre Paul nous dit ceci : L'homme animal ne reçoit pas les choses de l'Esprit de Dieu, car elles sont une folie pour lui, et il ne peut pas les connaître, parce que c'est spirituellement qu'on en juge. L'homme spirituel, au contraire, juge tout, et il n'est lui-même jugé par personne (1Co 2.14,15).

N'agissez pas ainsi en homme animal, car ce genre de comportement n'héritera point le royaume de Dieu (1Co 6.10). Mais ayez-en vous les sentiments qui étaient en Jésus-Christ (Ph 2.5). Car vous avez été lavés, sanctifiés et justifiés au nom de Jésus-Christ, et par l'Esprit de notre Dieu (1Co 6.11).

Malheureusement, même les gens qui se disent être chrétiens ne sont pas épargnés de ces mauvais comportements. Ils sont retournés à leur vomi (2Pi 2.22). Ils oublient qui ils sont, et ce que Jésus a dû subir pour eux sur la croix.

Que nul ne s'abuse lui-même, en faisant ce qui nous plait à notre corps, celui-ci ne nous appartient pas. C'est le temple de Dieu, et que l'Esprit de Dieu habite en nous (1Co 3.16).

Si quelqu'un veut détruire le temple de Dieu, Dieu le détruira aussi ; car le temple de Dieu est saint, et c'est-ce que nous sommes (1Co 3.17).

7.7.   La tolérance

La tolérance ne signifie surtout pas de se transformer pour le souhait de l'autre ou d'accepter l'inacceptable. Non ! C'est plutôt s'aimer, se respecter et s'accepter comme tel avec ses qualités, ses faiblesses, ses incertitudes, ses passions et ses rêves.

La tolérance est avant tout une attitude. C'est le fait d'admettre que l'autre puisse « **penser ou agir** » différemment de soi. Il s'agit d'admettre comme acceptable qu'une personne agaçante, ayant des idées contraires à celles d'autrui et une manière de s'exprimer radicalement différente puisse exister.

La tolérance est aussi la vertu qui porte à respecter ce que l'on n'accepterait pas spontanément. C'est aussi la vertu qui porte à se montrer **vigilant** tant envers l'intolérance qu'envers l'intolérable.

Cependant, la tolérance ne veut pas dire qu'on doit cesser de combattre ce qui est mauvais. Par exemple, on est dans un monde où l'immoralité bat son plein, on ne va pas donner des coups de bâton ou essayer de tuer un homosexuel, mais on va empêcher à nos proches et amis de donner nos enfants à eux en adoption.

Nous devons, en tant que chrétiens, prouver notre amour envers eux, afin de les ramener à Jésus. Si nous évitons les gens, tels que les prêtres vaudous, les francs-maçons, les prêtres et les sœurs catholiques, les voleurs, les assassins, les homosexuels etc. Comment allons-nous les ramener à Jésus ?

C'est pourquoi Jésus eut à dire : « Si nous aimons ce qui nous aime, quelle récompense méritons-nous ? Les homosexuels n'agissent ils pas de même ? Et si nous voulons saluer seulement les gens que nous pensions être honnêtes ? Les voleurs aussi n'agissent ils pas de même » ? (Mt 5.45,46)

La tolérance pour un chrétien est une arme très puissante. D'ailleurs, l'apôtre Paul en a même fait un précepte. Pour aider une personne à changer de position, elle devrait se sentir bien en votre compagnie, ou elle ne devrait pas se sentir rejetée ou évitée.

Vous savez pourquoi les chrétiens ont beaucoup de problèmes lorsqu'ils organisent des campagnes évangéliques ? C'est seulement pendant la campagne que les chrétiens s'adressent aux pains, tout en leur disant bonjour, nous voulons que vous participiez avec nous à la campagne !

Une fois la campagne terminée, plus de salutations ! Plus de « comment allez-vous » ? Nous devons apprendre à tolérer les gens comme ils sont, à les aimer, afin que nous soyons fils de notre Père qui est dans les cieux ; car il fait lever son soleil sur les méchants et sur les justes, et il fait pleuvoir sur les justes et les injustes (Mt 5. 45).

Nous devons nous rappeler que Dieu a prouvé son amour pour nous, lorsque nous étions encore des pécheurs, Jésus est mort pour nous (Ro 5.8). Pourquoi refusons-nous de tolérer les gens de mauvaise vie ?

Cependant, nous ne devons pas confondre « être tolérant et être négligent ». Les chrétiens devraient être tolérants, non pas négligent. Car la négligence tue.

Même au sein de l'Église, on retrouve ce problème. Il y a des membres qui aiment parler, chanter et prier beaucoup et qui aiment bien manger de la viande. Il y a d'autres qui font le contraire. Pourquoi ce problème ?

Si vous n'aimez pas faire de longues prières, apprenez à tolérer ceux qui en font, et vice-versa. Car l'amour ne fait point de mal au prochain (Ro 13.10). Nous n'arrivons pas à tolérer nos prochains parce que nous ne les aimons pas.

Voici les comportements de celui qui aime son prochain : Patient, plein de bonté, point envieux, ne se vente point, ne s'enfle point d'orgueil, rien de malhonnête, ne cherche point son intérêt, ne s'irrite point, ne soupçonne point le mal, ne se réjouit point de l'injustice, mais de la justice, excuse tout, croit tout, espère tout, supporte tout (1Co 13.4-7).

C'est pourquoi Mahatma Gandhi eut à dire : « La règle d'or de la conduite est la tolérance mutuelle, car nous ne penserons jamais tous de la même façon, nous ne verrons qu'une partie de la vérité et sous des angles différents ».

Si le niveau de notre intolérance envers nos frères et sœurs, et envers les gens du dehors, n'est pas à zéro, c'est parce que nous ne suivons pas Jésus. Nous sommes encore dans les ténèbres (Jn 8.12).

Conclusion

Comme je vous ai dit au commencement de ce chapitre, les sept T dans la vie d'un chrétien sont très importants. De ce fait,

Un chrétien qui sait bien gérer son temps, c'est un bon gestionnaire.

Un chrétien qui connait son talent ou ses talents, il est en mesure d'aider son prochain et de bien faire le travail de son maître.

Un chrétien qui contrôle bien son trésor tout en le mettant à la place qu'il faut, c'est un chrétien prudent.

Un chrétien qui travaille pendant six (6) jours et se repose le septième jour, c'est un chrétien qui prépare son éternité.

Un chrétien qui gère son corps, c'est un chrétien qui se sanctifie pour le retour de Jésus.

Un chrétien qui est tempérant, c'est un chrétien qui a la crainte de Dieu.

Un chrétien qui est tolérant, c'est un chrétien qui se respecte.

C'est pourquoi l'apôtre Paul nous a dit que les chrétiens ne sont pas des gens ordinaires, mais, une race élue, un sacerdoce royal, une nation sainte, un peuple acquis, afin qu'ils annoncent les vertus de celui qui les a appelés des ténèbres à son admirable lumière (1Pi 2.9).

De ce fait, en tant que chrétiens, nous devons donner du sens à nos paroles, en vivant par les paroles de Dieu, si nous voulons vraiment rester enfants de Dieu. Nous devons prospérer à tous égards et être en bonne santé (1Jn 3.2).

Questions

1- Combien de temps disposez-vous pour lire la Bible et chanter des cantiques par jour ?

R--

2- Est-ce que votre talent ne vous met pas en face de Dieu ? Si non, est-ce que vous mettez vos talents aux services de Dieu ?

R--

3- Est-ce vous n'êtes pas de ceux qui aiment travailler pour eux-mêmes, mais non pas pour Jésus ?

R--

4- Est-ce que Dieu peut utiliser votre trésor ?

R--

5- Est-ce que vous êtes tempérant (e) ?

R--

6- Est-ce que vous considérez votre corps comme le temple du Saint-Esprit ?

R--

7- Est-ce que vous êtes tolérant (e) ou négligeant (e) ?

R---

8

LA MORT ET LA MAGIE

Pourquoi un tel chapitre dans un livre comme celui-là ? Lorsqu'on est chrétien cela veut dire qu'on est intelligent. Intelligent parce qu'on a choisi Jésus comme son sauveur, et l'intelligence appartient à Dieu. De ce fait, un chrétien devrait avoir de grandes connaissances tant sur le plan intellectuel que spirituel.

Ces deux mots font peur aux gens, y compris les chrétiens. Le problème c'est quand nous n'avons pas assez de connaissances, nous mourrons dans notre ignorance. C'est pourquoi, tout chrétien devrait comprendre le sens de ces deux mots, afin de pouvoir bien s'attacher à Jésus.

La mort est l'état irréversible d'un organisme biologique ayant cessé de vivre. Cet état se caractérise par une rupture définitive dans la cohérence des

---

processus vitaux (nutrition, respiration...) de l'organisme considéré.

Du point de vue médico-légal la mort d'un être humain est le moment où le corps commence à être inutile, à partir de cet instant, toutes les fonctions vitales sont suspendues : Arrêt du cœur, de la respiration, du flux sanguin, des activités cérébrales, etc.

Du point de vue biologique, la mort résulte de l'incapacité permanente d'un organisme à résister aux modifications imposées par son environnement. Dans la plupart des pays développés, le médecin remplit alors un certificat de décès comportant la date et l'heure de la constatation de la mort, l'identité de la personne décédée, les causes suspectées, l'absence de contre-indication à une inhumation ou à une crémation.

Du point de vue religieux on a :

Animisme : La mort est perçue comme une continuité, au point que l'on puisse dire qu'il n'y a pas vraiment de mort dans le langage animiste et que le dialogue des morts et des vivants se poursuit sans interruption. Pour eux, ceux qui sont morts ne sont jamais partis, ils sont dans l'ombre, les morts ne sont pas sous la terre, ils sont dans l'eau, dans la foule, enfin les morts ne sont pas morts.

Athéisme : La mort ne recèle aucun mystère métaphysique : Elle n'est pas plus difficile à appréhender que ne l'est le sommeil profond, il n'existe pas de vie après la mort. Pour eux, la mort n'est pas un évènement de la vie. On entend par éternité non la durée infinie mais l'intemporalité. Alors il a la vie éternelle, celui qui vit dans le présent. Notre vie n'a pas de fin, comme notre champ de vision est sans frontière.

Bouddhisme : La mort n'est qu'un passage d'une vie à une autre. Donc, le bouddhiste ne reconnait les concepts de dieu, ni d'âme. Pour eux, il y a deux idées psychologiquement enracinées dans l'individu : Protection de soi et conservation de soi. Pour la protection de soi, l'homme a créé le Dieu duquel il dépend pour sa propre protection, sa sauvegarde et sa sécurité, de même qu'un enfant dépend de ses parents. Pour la conservation de soi, l'homme a conçu l'idée d'une âme immortelle qui vivra éternellement. Dans son ignorance, sa faiblesse, sa crainte et son désir, l'homme a besoin de ces deux choses pour se rassurer et se consoler ; c'est pourquoi il s'y cramponne avec fanatisme et acharnement.

Hindouisme : L'hindou croit en une vie après la mort, le corps n'étant qu'une enveloppe matérielle temporaire. Au moment de la mort, l'esprit est séparé du corps. Le non initié sera alors pris d'une irrésistible envie d'en retrouver un. Par contre, l'initié saura trouver la porte de la libération. Pour eux, il ne fut jamais un temps où nous n'existions pas. Et jamais aucun de nous ne cessera d'être.

Islam : La mort est la séparation du corps de l'âme. Le corps doit se mettre de nouveau à l'âme à la fin des temps, lors du jugement dernier. Pour eux, tout être humain goutera la mort.

Jaïnisme : L'âme est soumise au cycle de naissance et de mort. L'âme est donc une entité distincte qui voyage par-delà les limites et la disparition du corps.

Judaïsme : La mort est l'arrêt irréversible du battement cardiaque. La religion juive accorde une importance extrême et un profond respect au défunt.

Spiritisme : La mort du corps matériel libère l'esprit éternel de l'homme, qui retourne ensuite dans une dimension spirituelle correspondant à son niveau d'avancement.

Témoins de Jéhovah : La mort est donc le contraire de la vie. Les morts n'ont aucune activité et ne se rendent compte de rien (Ec 9.5-10). Ils croient en la résurrection et le jugement.

Mormonisme : La vie après la mort fait partie du plan de salut.

Christianisme Catholique : La mort physique est la séparation du corps de l'âme qui est immortelle. Le corps doit se joindre de nouveau à l'âme soit à la fin des temps, soit à la fin du monde. L'âme qui va au purgatoire est privée de la vision de Dieu et ressent le regret de ne pas avoir fait tout le bien possible. Une fois purifiées, ces âmes quittent le purgatoire pour le paradis et peuvent enfin voir Dieu. Pour eux, le purgatoire est un instrument de salut, un lieu de purification.

Christianisme Protestant : La mort physique est la séparation du corps de l'âme qui est immortelle. Le corps doit se joindre de nouveau à l'âme soit à la fin des temps, soit à la fin du monde. Les protestants ne croient pas à l'existence du purgatoire. En effet, l'homme choisit de vivre ou non en conformité avec la volonté divine, en reconnaissant Jésus comme son Sauveur et Seigneur, et ce avant de passer en jugement ou de voir Dieu face à face : « En effet, Dieu a envoyé son Fils dans le monde non pas pour condamner le monde, mais pour que le monde soit sauvé par lui. Celui qui met sa confiance en lui n'est pas condamné, mais celui qui n'a pas foi en lui est déjà condamné… » (Jn 3.17-21).

L'eschatologie chrétienne a réfléchi sur le sens de la mort et la fin. Il y a un jugement immédiat de l'âme et un jugement dernier collectif, afin que les mérites de chacun soient connus de tous.

À partir de la définition et à partir de la compréhension des gens, vous voyez comment ce chapitre est nécessaire pour nous en tant que chrétiens, afin que nous puissions vivre selon la volonté de Dieu.

Ce qui est intéressant, Dieu ne nous laisse pas sans nous donner des informations concernant ce sujet. Que dit la Bible à propos de la mort ? Nous n'avons pas été faits pour mourir. C'est à cause de la désobéissance de nos grands-parents que nous connaissons ce phénomène aujourd'hui. Car Dieu a dit : Le jour où tu en mangeras, tu mourras (Ge 2.17). Et ils ont choisi de manger le fruit (Ge 3.6).

8.1. Les différents types de mort

En lisant la Bible qui est la boussole d'un chrétien, nous constatons qu'après le péché de nos grands-parents, nous étions condamnés à mourir éternellement. Car nous n'avons pas été créés pour passer par-là. Cependant, Dieu ne nous a pas laissés mourir éternellement, il a envoyé son Fils unique, Jésus, pour nous racheter, afin que nous ayons en lui la vie éternelle, même si nous mourons physiquement.

De ce fait, nous avons affaire à deux types de mort, la première (mort partielle physique et la mort partielle spirituelle), elle nous frappe avant le retour de Jésus. La seconde (mort éternelle physique et mort éternelle spirituelle), elle vient après le jugement des incrédules.

La mort partielle physique, c'est l'état définitif du cœur qui cesse de battre, l'arrêt irréversible des fonctions vitales de l'homme. C'est la mort biologique ou disparition de l'individu vivant et réduction à zéro de sa tension énergétique. Elle consiste dans l'arrêt complet, définitif du triangle cerveau- cœur- poumon ; la perte de la cohérence fonctionnelle étant suivie de l'abolition progressive des unités tissulaires et cellulaires.

Vous allez sans nul doute dire : Comment se fait-il qu'il y a une mort partielle physique ? C'est parce que vous allez être jugé pour n'avoir pas accepté Jésus, après sa venue. Mais si vous l'avez accepté vous allez être ressuscité avec un corps glorieux pour aller à la rencontre de Jésus afin de vivre éternellement avec lui.

Est-ce qu'on peut juger une personne qui s'est suicidée après avoir tué beaucoup de gens dans un endroit quelconque ? Non ! Quel que soit le pays où elle se trouve. Mais pour le Créateur, qui que vous soyez, étant mort, très bientôt, au retour de Jésus, vous allez être ressuscité, soit pour la gloire éternelle soit pour la honte éternelle ou la seconde mort (Da 12.2).

Pour la mort partielle physique, tout le monde ne va pas la subir. Car l'apôtre Paul nous dit qu'au retour de Jésus, les morts en Christ ressusciteront premièrement. Ensuite, nous les vivants, qui serons restés, nous serons tous ensemble enlevés avec eux sur des nuées, à la rencontre de Jésus dans les airs, et ainsi nous seront toujours avec le Seigneur (1Th 4.16,17).

La mort partielle spirituelle, c'est l'état de l'homme vivant, mais séparé de Dieu par sa désobéissance. Étant rentré en rébellion avec la volonté de Dieu, nous devons mourir physiquement et spirituellement. Car le salaire du péché c'est la mort éternelle (Ro 6.23). Cependant, Dieu n'a pas voulu que nous demeurions dans le péché qui conduit à la mort. Il a prévu un moyen pour que nous reprenions vie en Jésus. C'est pourquoi nous savons qu'il nous aime d'un amour infini (Je 31.3).

Avec la mort partielle spirituelle, nous fonctionnons normalement dans toutes nos activités, cependant nous sommes morts spirituellement, parce que nous sommes privés de la gloire de Dieu, de sa présence et de ses bienfaits. Mais, nous avons l'occasion de confesser nos péchés à Jésus, quel que soit le péché, afin que nous retrouvions la vie en lui. Car il est fidèle et juste pour nous pardonner (1Jn 1.9).

De ce fait, pour être mort partiellement et spirituellement, on devrait avoir été vivant. Étant vivant, vous avez une chance de retrouver la vie spirituelle. Prenons par exemple Paul qui a été blasphémateur avant de retrouver la vie par Jésus sur le chemin de Damas. Comme lui, vous avez besoin de prendre conscience. Si Jésus tarde encore il veut que vous preniez conscience et vous vous détourniez de vos mauvaises voies, car il viendra sûrement (Ha 2.3).

La mort éternelle physique, c'est l'état de disparaître à jamais. Cependant, cette mort n'a pas été faite pour l'homme, mais pour le serpent ancien. Jésus, dans le jugement des nations dira à ceux qui seront à sa gauche : Retirez-vous de moi, maudits ; allez dans le feu éternel qui a été préparé pour le diable et pour ses anges (Mt 25.41).

Si le feu est éternel, le diable et ses anges, ainsi que les hommes qui n'ont pas choisi de remettre leur vie à Jésus avant la première mort et ceux qui seront restés vivant mais n'ayant pas voulu accepter Jésus comme leur Sauveur auront, tous ensemble disparu éternellement.

La mort éternelle spirituelle, c'est le résultat de la mort partielle physique sans avoir accepté Jésus comme votre Sauveur. C'est-à-dire, vous mourrez physiquement dans vos péchés. Or, ce sont nos péchés qui mettent une séparation entre nous et Dieu. Autrement dit, Jésus reviendra pendant que vous serez encore vivant et vous n'êtes pas revenu à Jésus. À ce moment-là, vous n'aurez aucune chance de revenir à la vie spirituelle ou de voir la face de Dieu.

Le diable et ses anges connaissent déjà la mort éternelle spirituelle. Car ils sont séparés éternellement de Dieu. Pour l'homme, nous pouvons mourir spirituellement de deux façons. Premièrement, c'est quand nous refusons l'aide du Saint-Esprit qui est là pour nous convaincre de péché. Car tous les péchés seront pardonnés aux hommes, mais quand nous péchons contre le Saint-Esprit, nous ne recevons pas de pardon (Mt 12.32). Or c'est le péché qui nous sépare de notre Dieu. Avoir un péché qui est continuellement caressé dans nos vies, cela implique une séparation continue de Dieu. Dernièrement, c'est quand nous recevons la marque de la bête (Ap 14.9,10). Avec cette marque nous choisissons de faire partie du camp de l'ennemi. Même si nous vivons nous sommes séparés éternellement de Dieu.

8.2. Le comportement d'un chrétien face à la mort

La mort d'une personne aimée provoque douleur et angoisse. Elle met fin à une relation qui nous construisait, qui faisait partie de notre vie. Cependant, les chrétiens devraient avoir un autre comportement face à la mort. S'il arrive à un chrétien de perdre un frère en Christ, il n'a pas besoin de trop s'affliger. Car les enfants de Dieu seront tous ensemble dans son royaume. Jésus eut à dire : « Plusieurs viendront de l'orient et de l'occident, et seront à table avec Abraham, Isaac et Jacob, dans le royaume des cieux » (Mt 8.11).

Pour les chrétiens, la première mort n'aura pas de pouvoir sur eux. De même qu'elle n'a eu pas de pouvoir sur Jésus, nous aussi qui sommes chrétiens, elle n'aura pas de pouvoir sur nous. C'est pourquoi Jésus nous a dit : « Ne craignez pas ceux qui tuent le corps, et qui ne peuvent pas tuer l'âme ; craignez plutôt celui qui peut faire périr l'âme et le corps dans la géhenne. C'est-à-dire, la seconde mort ou la mort éternelle » (Mt 10.28).

De ce fait, quand un chrétien perd un frère en Christ, cela ne pourrait pas l'affecter jusqu'à entrainer sa mort. C'est mauvais quand un chrétien a un tel comportement. Nous devons donner du sens à notre parole. Cependant, quand un chrétien a un membre de la famille, un proche parent, un ami qui est mort et qui n'est pas chrétien cela peut l'affecter, parce qu'il ne reverra jamais celui-ci.

C'est pourquoi Job eut à dire : « Quand ma peau sera détruite, il se lèvera ; quand j'aurai plus de chair, je verrai Dieu. Je sais que mon Rédempteur est vivant, et qu'il se lèvera le dernier sur la terre » (Job 19.25,26). Ce que les chrétiens ont, contrairement aux autres, au sujet de la première mort, c'est que nous avons l'espérance de la vie éternelle, non pas, parce que nous pourrions vivre éternellement après la mort, mais parce que nous avons Jésus. C'est la raison pour laquelle Jésus eut à déclarer : « Celui qui croit en moi vivra, quand même il serait mort ; et quiconque vit et croit en moi ne mourra jamais » (Jn 11.25,26). Au verset vingt-cinq, Jésus parlait de celui qui l'a accepté et qui est passé par la première mort. Il aura la vie éternelle du fait qu'il a accepté Jésus, car Jésus est la résurrection et la vie (Jn 11.25). Au verset vingt-six, Jésus est en train de dire à ceux qui vont rester vivants jusqu'à son retour, en croyant en lui, qu'ils ne verront pas la mort.

Sachez que, Jésus peut vous sauver de la première mort, mais pour la seconde mort il ne pourra rien faire pour vous. De ce fait, pendant qu'il en est temps, acceptez Jésus, afin que vous puissiez vivre éternellement dans le cas où elle frapperait votre porte.

De ce fait, les chrétiens ne devraient pas avoir peur de la première mort, car Jésus l'a vaincue pour nous (2Ti 1.10). Elle n'a pas de pouvoir sur nous, en tant que chrétiens. Car si nous sommes morts avec Jésus, nous croyons que nous vivrons aussi avec lui (Ro 6.8). Mais pour la seconde mort, quelle que soit sa forme (physique ou spirituelle), c'est une chose à éviter.

Regardez ce que l'apôtre Jean a dit concernant ceux qui sont morts en Jésus-Christ : « Heureux dès à présent les morts qui meurent dans le Seigneur ! Oui, dit l'Esprit, afin qu'ils se reposent de leurs travaux, car leurs œuvres les suivent » (Ap 14.13).

Attention ! Ne pas avoir peur de la première mort ne veut pas dire qu'on peut se suicider. Quand nous nous suicidons, nous disons à Dieu qu'il a tort de nous donner la vie. Dans ce cas, vous commettez un péché qui ne mérite pas de pardon. Or il ne rentrera rien de souillé dans le royaume des cieux (Ap 21.27).

8.3. Est-ce que tout le monde doit passer par la mort ?

Après tout ce qu'on vient de dire, on a pu remarquer à travers les versets de la Bible que tout le monde ne passera pas par la mort partielle physique, ni par la mort éternelle physique et spirituelle. Cependant tout le monde est passé par la mort partielle spirituelle, car tous ont péché et sont privés de la gloire de Dieu (Ro 3.23).

De ce fait, quand nous péchons, cela entraine automatiquement une séparation avec notre Dieu. Et quand nous sommes séparés de Dieu nous mourons tous spirituellement. Car le salaire du péché c'est la mort (Ro 6.23). Comme Jésus s'est offert en sacrifice pour nous en guise de rançon, en l'acceptant nous retrouverons la vie. C'est pourquoi nous disons que cette mort est partielle.

L'apôtre Paul nous l'a confirmé dans la première épitre aux Thessaloniciens en disant : « Au retour de Jésus, les morts en Christ ressusciteront premièrement. Ensuite, nous les vivants qui avons fait la volonté de Dieu, qui serons restés, nous serons tous ensemble enlevés avec eux sur les nuées, à la rencontre de notre Seigneur Jésus » (1Th 4.16,17). Mais les vivants qui n'auront pas fait la volonté de Dieu resteront sur la terre, afin de subir la seconde mort.

8.4. Qu'est-ce qui nous attend après la mort ?

Pour la science, la mort est quelque chose qu'on ne peut cerner. De ce fait, elle n'a rien à dire concernant ce qui va arriver après la mort. Mais d'après tout ce qu'on dit, il y aurait une sorte de confusion. Il y a des gens qui disent qu'il y a une vie après la mort. D'autres qui disent une fois qu'on est mort, c'est fini. Il y en a aussi qui disent qu'on ne meurt pas, on a juste change de monde, afin qu'on puisse vivre quelque part d'autre sous une autre forme.

Dieu ne nous a pas laissé dans l'ignorance au sujet de ceux qui ont subi la première, et de ceux qui vont subir la seconde mort. Ceux qui ont subi la première mort ainsi que les vivants qui vont rester au retour de Jésus, iront en jugement. Car tout le monde va être jugé. C'est pourquoi le roi Salomon eut à dire : « Dieu amènera toute œuvre en jugement, au sujet de tout ce qui est caché, soit bien, soit mal » (Ec 12.16).

Jésus, parlant à ses disciples, l'a confirmé en disant : « Je vous le dis en vérité, au jour du jugement, le pays de Sodome et de Gomorrhe sera traité moins rigoureusement que ceux qui ne veulent pas accepter la parole de Dieu » (Mt 10.15). Or vous connaissez l'histoire de Sodome et de Gomorrhe, cela est passé dans le temps d'Abraham (Ge 19.1-29).

Bien entendu, le retour de Jésus va entrainer la fin du jugement, le verdict aura été prononcé, Jésus, en sa qualité d'avocat, ne pourra rien faire pour vous, si vous ne l'avez pas remis votre dossier avant. Vivant ou mort, si votre nom n'a pas été écrit dans le livre de vie, vous allez subir votre peine éternelle après les mille ans, ce qui est la seconde mort (Ap 20.15).

C'est pourquoi l'apôtre Paul nous a conseillés en ces mots : Aujourd'hui, si vous entendez la voix de Dieu qui vous dit de venir à lui, n'endurcissez pas votre cœur (He 4.7). Car après la mort, vous ne pouvez rien changer. Pendant que vous êtes encore vivants, profitez de cette chance, mes frères et mes sœurs.

La première mort, c'est comme une prison, une fois dedans, c'est votre avocat qui peut faire quelque chose pour vous. Ce qui est intéressant, l'avocat en question, Jésus, ne reçoit pas de dossier pendant que vous vous trouverez en prison. Mais pendant que vous êtes en liberté conditionnelle (vivant). Et si vous oubliez quelques faits importants, arrivé devant le juge, il ne pourra pas vous libérer. Mais si vous dites tout ce qui s'est passé, Il est fidèle et juste pour vous libérer (Pr 28.13).

Les gens dont les noms seront trouvés dans le livre de vie, auront à passer mille ans dans le ciel avec Dieu. Et ceux dont les noms n'ont pas été écrits dans le livre de vie resteront dans la poussière pendant mille ans aussi (Ap 20.5,6).

Ce sont les gens qui n'ont pas été avec Dieu dans le ciel qui vont subir la seconde mort. Ils seront rassemblés comme un seul homme avec le diable après que les mille ans furent passés, pour faire la guerre aux saints (Ap 20.8). Car la nouvelle Jérusalem que Jésus nous a promise dans l'évangile de Jean sera bien réelle à ce moment.

La seconde mort viendra quand le diable et ses anges, les lâches, les impudiques, les adultères, les incrédules, les abominables, les meurtriers, les enchanteurs, les idolâtres, les faux prophètes et tous les menteurs seront réunis ensemble pour investir le camp des saints, la ville bien-aimée (Ap 20.9). C'est alors qu'un feu descendra du ciel, et les dévorera. Ils seront tourmentés jour et nuit, aux siècles des siècles (Ap 20.9,10).

Puisque le diable et ses acolytes seront dévorés par le feu aux siècles des siècles, cela implique qu'ils ne seront plus pour jamais. Et c'est à ce moment que leurs mémoires seront oubliées à jamais. C'est pourquoi je vous dis en moment : Évitez par tous les moyens la seconde mort en acceptant Jésus et en gardant sa parole. Car Jésus eut à dire : « En vérité, en vérité, je vous le dis, si quelqu'un garde ma parole, il ne verra jamais la mort » (Jn 8.51).

8.5. Que représente la magie ?

Magie : Le mot « magie » vient du Latin magia, lui-même issu du grec mageia, qui signifie religion des mages de Perses, sorcellerie. C'est vers le milieu du IV e siècle avant Jésus-Christ que le mot magie est employé par les Grecs en tant que doctrine issue de la Perse, notamment avec Zoroastre.

Le mot magie désigne tantôt une technique (les arts magiques), tantôt des procédés, des opérations, tantôt une action, un effet magique.

La pratique de la magie repose sur la croyance que l'esprit humain est tout puissant sur le monde qui l'entoure et qu'une pensée bien déterminée, bien orienté, bien concentré, peut se concrétiser, influer sur les choses et les êtres.

La magie est en effet présentée par des adeptes comme l'utilisation d'un pouvoir ou d'une force pour influencer une cible donnée.

La magie consiste à participer mystiquement à l'enchantement du monde et à augmenter spirituellement son pouvoir d'enchantement. Or un enchantement est un ensorcellement, un envoutement, un sortilège, bénéfique ou maléfique, ayant une durée indéterminée et qui n'est pas instantanée. Dans de nombreuses cultures, les moyens mis en œuvres par la magie en tant que science occulte s'opposent aux religions établies ainsi qu'aux raisonnements scientifiques.

On a deux types de magie : La magie noire et la magie blanche. Parce qu'auparavant on voyait dans chaque magie du mal et du bien.

La magie noire a des effets négatifs du fait que même le magicien, de sa personne, et la sorcellerie ont des buts consciemment maléfiques et des moyens intentionnellement négatifs ou diaboliques. Les mages noirs et les sorciers passent pour être néfastes à la société, ils empoisonnent, ensorcellent, lancent des imprécations, invoquent des diables ou démons. Ils utilisent des figurines d'envoutement, nouent l'aiguillette, ils provoquent l'impuissance sexuelle, des sécheresses ou des orages. Ils font du mal à autrui, se vengent, ils font des sortilèges d'amour pour atteindre l'immortalité, et ils communiquent avec les morts.

Dans la culture occidentale, la couleur noire est symbole de ténèbres, de mort, de tristesse, de vide et d'obscurité.

La magie blanche concerne une utilisation de la magie à des fins altruistes ou préventives, avec des moyens presque toujours positifs et bénéfiques. Elle guérit, protège, exorcise, renforce et réconcilie. Elle évoque les esprits bons.

Dans la culture occidentale, la couleur blanche symbolise la pureté, l'innocence, la paix et la justice.

Selon la **bible satanique**, il n'existe qu'une seule magie mais plusieurs manières de s'en servir. Ainsi, certains s'en serviront pour punir et d'autres pour guérir.

Ceux qui pratiquent la magie sont :

Le mage : Un sage qui connait les secrets de la nature.

Le magicien : Un praticien.

Le magiste : Il est à la fois savant comme le mage et habile comme le magicien.

Le sorcier : Il cherche à faire du mal par diverses techniques magiques.

Le mage noir : Il a des pouvoirs supposés maléfiques.

Pour faire de la magie ils utilisent trois supports :

1- Supports extérieurs tels que : Plantes, astres, nombres, symboles

Plantes : Ce sont dans les plantes, les formules et les pierres que résident tout l'art et le pouvoir magique.

Astres : Le monde élémental, celui des quatre ou cinq éléments (terre, eau, air, feu, éther).

Fumigation et parfum : L'encens, les odeurs, etc. Attirent ou repoussent des forces naturelles ou des esprits.

Nombres magiques : Ils croient que les nombres sont des principes d'organisation, des forces (sons, formes, principes, lettres de l'alphabet, figures géométriques, nombres).

Symboles : Caractères, les mots et les sceaux (images astrologiques).

2- Supports intérieurs tels que : Parole, geste, imagination, volonté.

Le magicien peut puiser en lui-même une force de différentes manières :

La parole : Elle est au choix, une prière, une incantation, une formule, des mots barbares, un nom d'ange, une invocation, une onomatopée, une suite de voyelles.

Le geste : Il exige des instruments. Les plus connus sont la baguette magique, le miroir, le caducée d'hermès, l'étoile flamboyante, les cierges liturgiques, les coupes d'eau lustrale.

L'imagination : C'est par la visualisation, la symbolisation, le rêve, le fantasme et la poésie, que le magicien change les choses. Le magicien n'invente pas les images, il trouve en esprit la vraie image des choses.

La volonté : Elle s'opère par l'appétit du désir de l'être.

3- Support spirituels tels que : Angélologie, démonisme, chamanisme, théurgie et goéties.

Lorsque le magicien n'a pas assez de puissance ou si les objets magiques ne sont pas suffisamment puissants, il peut faire appel à des esprits pour l'aider dans sa tâche, bénéfique ou malfaisante.

Angélologie : Certains magiciens disent agir grâce aux anges dont ils connaissent les noms ou les caractères qui les représentent.

Démonisme : Le recours aux esprits malfaisants au moyen d'invocations ou de rites.

Nécromancie : Une classe courante de magie concerne la magie de la mort et des âmes des morts. Elle inclut entre autres, les célèbres magies concernant les morts vivant, les zombis, Les fantômes.

Mediumnisme : Le magicien peut passer par un médium à transe, un somnambule.

Chamanisme : Un chamane entre en communication avec les esprits, maîtres des animaux qui sont ses auxiliaires.

Théurgie : Permet de se mettre en rapport avec les puissances célestes bénéfiques pour les voir ou pour agir sur elles. C'est-à-dire, elle invoque des anges bienfaisants ou dieux.

Goétie : C'est la magie qui invoque des diables ou démons malfaisants.

Après tout ce qu'on vient de dire en partie sur la magie, et sur ceux qui l'ont pratiquée. Elle est assimilée aux sacrifices d'enfants par le feu, à la sorcellerie, à la nécromancie, et attribuée aux étrangers. On finit par déduire que la magie est une mauvaise chose.

8.6. Que dit la Bible à propos de la magie ?

Quand nous lisons la Bible qui est la boussole de tous ceux qui veulent suivre Dieu, elle nous recommande fortement de ne pas pratiquer la magie, de ne pas consulter les morts. Car si un homme ou une femme ont en eux l'esprit de divination, ils seront punis de mort ; on les lapidera (Le 20.27).

Dieu continue pour dire au peuple d'Israël : Lorsque tu seras entré dans le pays que l'Éternel, ton Dieu, te donne, tu n'apprendras point à imiter les abominations de ces nation-là. Qu'on ne trouve chez toi personne qui exerce le métier de devin, d'astrologue, d'augure, de magicien, d'enchanteur, personne qui consulte ceux évoquent les esprits ou disent la bonne aventure, personne qui interroge les morts (De 18.9-11).

Car quiconque fait ces choses est en abomination à l'Éternel. Peuple Israël ou chrétien tu seras entièrement à l'Éternel, ton Dieu. Car ces nations que tu chasseras écoutent les astrologues et les devins ; mais à toi chrétien, l'Éternel, ton Dieu, ne le permet pas (De 18.12,14).

C'est pourquoi le prophète Ésaïe nous a recommandés en tant que chrétiens, en ces termes : Quand on vous dit : Consultez ceux qui évoquent les morts et ceux qui prédisent l'avenir, qui poussent des sifflements et des soupirs, répondez : Un peuple ne consultera-t-il pas son Dieu ? Ou s'adressera-t-il aux morts en faveur des vivants ? (Es 8.19).

Dans les lois relatives à la propriété et aux mœurs, Moïse nous a dit : « On ne laissera point vivre ceux qui pratiquent de la magie » (Ex 22.18).

On ne doit pas agir comme le roi Saül qui ne voulait pas écouter le prophète Samuel dans son vivant, mais voulant consulter le mort Samuel pour avoir des conseils (1S 28.7-19).

8.7. Est-ce qu'un chrétien devrait avoir peur celui qui pratique de la magie ?

On sait que le chrétien est celui qui suit Christ, non pas parce qu'il appartient à une dénomination quelconque ou une secte religieuse, mais parce qu'il vit comme Christ. C'est pourquoi l'apôtre Paul nous a dit : « Si vous aimerez devenir chrétiens, vous devez connaître les sentiments de Jésus, afin que vous ayez les mêmes sentiments qui étaient en Jésus » (Ph 2.5). Et Jésus abonda pour dire : « Je suis la lumière du monde ; celui qui me suit ne marchera pas dans les ténèbres, mais il aura la lumière de la vie » (Jn 8.12).

De ce fait, celui qui suit Christ, les ténèbres n'ont pas de pouvoir sur lui. Et c'est pourquoi il est dit dans la Bible : « Le chrétien ne craindra ni les terreurs de la nuit, ni la flèche qui vole de jour, ni la peste qui marche dans les ténèbres, ni la contagion qui frappe en plein midi. Que mille tombent à ton côté, et dix mille à ta droite, tu ne seras pas atteint » (Ps 91.5-7).

De plus, celui qui garde les chrétiens est l'Éternel, Il ne permettra point que ton pied chancelle ; Il ne sommeillera point. L'Éternel est votre ombre à votre main droite. Il vous gardera de tout mal, Il gardera votre âme ; l'Éternel gardera votre départ et votre arrivée, depuis le jour où vous l'acceptez et jusqu'à la fin (Ps 121.3-8).

On sait que ceux qui pratiquent la magie, ce sont des magiciens et les autres de la même famille. Et quand la Bible parle de la magie, elle nous dit comment nous devons voir ces personnes-là. C'est la raison pour laquelle David eut à dire : « Je hais l'assemblée de ceux qui font le mal, je ne m'assieds pas avec les méchants » (Ps 26.5). Or d'après tous ceux qu'on dit ci-dessus concernant la magie, on voit le mal au sein même de la magie. L'apôtre nous a recommandés de ne pas pratiquer la magie qui est l'une des œuvres de la chair. Car ceux qui la commettent n'hériteront point le royaume de Dieu (Ga 5.19-21).

Ce qui nous intéresse, c'est si un chrétien devrait avoir peur de la magie.

Pour bien cerner ce sous-titre, je vais considérer les dix plaies que l'Éternel a données à l'Égypte ; Élie le Thischbite face aux quatre cent cinquante prophètes de Baal, et le songe du roi Nebucadnetsar lorsque Daniel a été en Babylone, afin que vous voyiez la force des gens qui pratiquaient de la magie, et celle des chrétiens.

* Étant donné que Pharaon refuse de laisser aller le peuple de Dieu. L'Éternel dit à Moïse et Aaron :

1- Lève la verge, et frappe les eaux qui étaient dans le fleuve, sous les yeux de Pharaon et de ceux de ses serviteurs ; et toutes les eaux du fleuve furent changées en sang. Mais les magiciens d'Égypte en firent autant par leurs enchantements (Ex 7.20-22).

2- Étendit sa main sur les eaux de l'Égypte ; et les grenouilles montèrent et couvrirent le pays d'Égypte. Mais les magiciens en firent autant par leurs enchantements (Ex 8.2,3).

3- Étendit sa main, avec sa verge, et il frappa la poussière de la terre ; et elle fut changée en poux sur les hommes et sur les animaux. Mais les magiciens employèrent leurs enchantements pour produire les poux, ils ne purent pas (Ex 8.13,14).

Un fait important ! Les magiciens n'ont pas pu faire des poux. À ce moment, ils ont dit à Pharaon : C'est le doigt de Dieu (Ex 8.15).

4- Ainsi parle l'Éternel : Une quantité de mouches venimeuses dans la maison de pharaon et de ses serviteurs, et tout le pays d'Égypte fut dévasté par les mouches. Les magiciens ne font rien (Ex 8.20).

5- Ainsi parle l'Éternel : Tous les troupeaux des Égyptiens périrent, et il ne périt pas une bête des troupeaux des enfants d'Israël. Les magiciens ne font rien (Ex 9.6).

6- Moïse jeta de la cendre vers le ciel, et elle produisit sur les hommes et sur les animaux des ulcères formés par une éruption de pustules. Les magiciens ne purent paraître devant Moïse, à cause des ulcères ; car les ulcères étaient sur les magiciens, comme sur tous les Égyptiens (Ex 9.10,11).

7- Moïse étendit sa verge vers le ciel ; et l'Éternel envoya des tonnerres et de la grêle, et le feu se promenait sur la terre. L'Éternel fit pleuvoir de la grêle sur le pays d'Égypte. Les magiciens ne font rien (Ex 9.23).

8- Moïse étendit sa verge sur le pays d'Égypte ; et que l'Éternel fit souffler un vent d'orient sur le pays toute cette journée et toute la nuit. Quand ce fut le matin, le vent d'orient avait apporté les sauterelles. Les magiciens ne font rien (Ex 10.13).

9- Moïse étendit sa main vers le ciel, et il y eut d'épaisses ténèbres dans tout le pays d'Égypte, pendant trois jours. Les magiciens ne font rien (Ex 10.22).

10- L'Éternel a tué tous les premiers nés des familles égyptiennes durant une nuit ; depuis le premier né de pharaon, jusqu'au premier né de la servante, et jusqu'à tous les premiers nés des animaux. Les magiciens n'ont pas pu protéger ces enfants et ces animaux (Ex 11.4,5)

Entre Dieu et les gens qui pratiquèrent de la magie, selon vous ; lequel a plus de pouvoir ? Sans nul doute, vous allez dire Dieu. Eh bien ! Pourquoi un chrétien devrait-il avoir peur de celui qui pratique de la magie ?

** Élie, s'étant approché de tout le peuple, dit : « Jusques à quand clocherez-vous des deux côtés ? Si l'Éternel est Dieu, allez après lui ; si c'est Baal, allez après lui » ! (1R 18.21).

Que l'on nous donne deux taureaux ; qu'ils choisissent pour eux l'un des taureaux, qu'ils le coupent par morceaux, et qu'ils le placent sur le bois, sans y mettre le feu ; et moi je préparerai l'autre taureau, et je placerai sur bois, sans y mettre le feu (1R 18.23).

Puis invoquez le nom de votre dieu ; et moi j'invoquerai le nom de l'Éternel. Le dieu qui répondra par le feu, c'est celui-là qui sera leur Dieu (1R 18.24).

Élie dit aux prophètes Baal : Choisissez pour vous l'un des taureaux, préparez-le les premiers, car vous êtes nombreux, et invoquez le nom de votre dieu ; mais ne mettez pas le feu (1R 18.25).

Ils prirent le taureau qu'on leur donna, et le préparèrent ; et ils invoquèrent le nom de Baal, depuis le matin jusqu'à midi, en disant : « Baal réponds-nous ! Ils sautaient devant l'autel qu'ils avaient fait. Ils crièrent à haute voix, et ils se firent, selon leur coutume, des incisions avec des épées et avec des lances, jusqu'à ce que le sang coulât sur eux. Lorsque midi fut passé, ils prophétisèrent jusqu'au moment de la présentation de l'offrande. Mais il n'y eut ni voix, ni réponse, ni signe d'attention » (1R 18.26-29).

C'est alors qu'Élie dit à tout le peuple : « Approchez-vous de moi ! Tout le peuple s'approcha de lui. Et Élie rétablit l'autel de l'Éternel qui avait été renversé. Il prit douze pierres, et il bâtit avec ces pierres un autel au nom de l'Éternel, il fit autour de l'autel une fosse de la capacité de deux mesures de semence. Il arrangea les bois, coupa le taureau par morceaux, et le plaça sur le bois » (1R 18.30-33).

Puis il dit : « Remplissez d'eau quatre cruches, et versez-les sur l'holocauste et sur le bois. Il dit : Faites-le une seconde fois. Et ils le firent une seconde fois. Il dit : Faites-le une troisième fois. Et ils le firent une troisième fois. L'eau coula autour de l'autel, et l'on remplit aussi d'eau la fosse » (1R 18.34,35).

Au moment de la présentation de l'offrande, Élie, le prophète, s'avança et dit : « Éternel, Dieu d'Abraham, d'Isaac et d'Israël ! Que l'on sache aujourd'hui que tu es Dieu en Israël, que je suis ton serviteur, et que j'ai fait toutes ces choses par ta parole ! Réponds-moi, Éternel, réponds-moi, afin que ce peuple reconnaisse que c'est toi, Éternel, qui est Dieu, et que c'est toi qui ramènes leur cœur ! » (1R 18.36,37)

Et le feu de l'Éternel tomba, et il consuma l'holocauste, le bois, les pierres et la terre, et il absorba l'eau qui était dans la fosse. Quand tout le peuple vit cela, ils tombèrent sur leur visage et dirent : « C'est l'Éternel qui est Dieu ! C'est l'Éternel qui est Dieu ! » (1R 18.38,39)

Quand l'Éternel est présent, que toute la terre fasse silence devant sa face, y compris l'ennemi (Ha 2.20). C'est la raison pour laquelle les prophètes de

Baal n'ont pas pu trouver de réponse lorsqu'ils présentèrent l'offrande. Les ténèbres n'ont pas le pouvoir de chasser la lumière. Il suffit que votre lumière luise en tant que chrétien et vous verrez ce qui s'accomplira en votre faveur.

*** Le roi Nebucadnetsar a eu une vision sur sa couche, et le roi avait l'esprit agité, il ne pouvait pas se rappeler de son songe. Le roi voudrait connaître le songe et son explication. De ce fait, il fit appeler les magiciens, les astrologues, les enchanteurs et les chaldéens, pour qu'ils lui disent le songe (Da 2.2,3).

Les chaldéens ont pris la parole et disent au roi : « O roi, vis éternellement ! Dis le songe à tes serviteurs, et nous en donnerons l'explication » (Da 2.4).

Le roi reprit la parole et dit aux chaldéens : « La chose m'a échappé ; si vous ne me faites pas connaître le songe et son explication, vous serez mis en pièces, et vos maisons seront réduites en un tas d'immondices. Mais si vous dites le songe et son explication, vous recevrez de moi des dons et des présents, et de grands honneurs » (Da 2.5,6).

Ils répondirent tous pour la seconde fois : « Que le roi dise le songe à ses serviteurs, et nous en donnerons l'explication » (Da 2.7). Vous voyez les magiciens et consorts ont été limité !

Le roi reprit la parole et dit : « Je m'aperçois, en vérité, que vous voulez gagner du temps, parce que vous voyez que la chose m'a échappé. Si donc vous ne me faites pas connaître le songe, la même sentence vous enveloppera tous ; vous voulez-vous préparer à me dire des mensonges et des faussetés, en attendant que les temps soient changés. C'est pourquoi dites-moi le songe, et je saurai si vous êtes capables de m'en donner l'explication » (Da 2.8,9).

Les chaldéens répondirent au roi : « Il n'est personne sur la terre qui puisse dire ce que demande le roi ; aussi jamais roi, quelque grand et puissant qu'il ait été, n'a exigé une pareille chose d'aucun magicien, astrologue ou Chaldéen. Et continuent pour dire : Ce que le roi demande est difficile ; il n'y a personne qui puisse le dire au roi, excepté les dieux, dont la demeure n'est pas parmi les hommes » (Da 2.10,11).

Remarquez que les magiciens, les astrologues, les enchanteurs et les chaldéens sont des serviteurs de dieux dont ils parlaient au roi.

Le roi se mit en colère et s'irrita violemment. Il ordonna qu'on fasse périr tous les sages de Babylone. La sentence fut publiée, les sages étaient mis à mort, et l'on cherchait Daniel et ses compagnons pour les faire périr aussi (Da 2.12,13).

C'est alors que Daniel s'informa auprès du commandant pour savoir pourquoi la sentence du roi est si sévère ? Et Daniel se rendit vers le roi, et le pria de lui accorder du temps, afin de donner au roi l'explication (Da 2.14-16).

Ensuite Daniel alla dans sa maison, et il instruisit de cette affaire Hanania, Mischael et Azaria, ses compagnons, les engageant à implorer la miséricorde du Dieu des cieux par la prière, afin qu'on ne fit pas périr Daniel et ses compagnons avec le reste des sages de Babylone (Da 2.17,18).

C'est alors le secret fut révélé à Daniel dans une vision pendant la nuit. Et Daniel bénit le Dieu des cieux. À lui appartiennent la sagesse et force. Et Daniel loue Dieu, de ce que Dieu nous a révélé le secret du roi (Da 2.19-23).

Daniel fut conduit devant le roi pour lui donner le songe et son explication (Da 2. 24,25).

Le roi prit la parole et dit à Daniel, qu'on nommait Beltschatsar : « Es-tu capable de me faire connaître le songe que j'ai eu et son explication ? » (Da 2.26)

Daniel répondit en présence du roi et dit : « Ce que le roi demande est un secret que les sages, les astrologues, les magiciens et les devins, ne sont pas capables de découvrirent au roi. Mais il a dans les cieux un Dieu qui révèle les secrets, et qui a fait connaître au roi ce qui arrivera dans la suite des temps. Daniel donna le songe, ensuite il donna l'explication au roi » (Da 2.29-45).

Aussitôt Daniel eut fini de donner les explications au roi, le roi tomba sur sa face et se prosterna devant Daniel. Le roi adressa la parole à Daniel et dit : « En vérité, votre Dieu est le Dieu des dieux et le Seigneur des rois » (Da 2.46,47).

Notre Dieu connaît ce qui est dans les ténèbres, et la lumière demeure avec lui (Da 2.22). Et les ténèbres n'ont point de pouvoir sur lui. De même, nous qui sommes chrétiens les ténèbres aussi n'ont point de pouvoir sur nous. Car nous sommes en communion avec Dieu.

Conclusion

Je suis content de vous dire que, de même que la mort n'a pas eu de pouvoir sur Jésus, vous aussi qui êtes chrétiens, en acceptant Jésus, la première mort n'a pas et n'aura pas de pouvoir sur vous. Car Jésus l'a vaincue pour vous, afin que vous ayez la vie éternelle.

L'Éternel déclare par le prophète Osée : « Mon peuple meurt par faute de connaissance » (Os 4.6). Quand une personne qui se dit être chrétien(ne) ne sait pas vraiment ce que représente la mort pour elle, quel comportement doit-il (elle) avoir face à la mort ? Tôt ou tard, il/elle peut se détourner de la voie droite.

C'est avec regret qu'on entend dire même les chrétiens que Dieu est trop lent. Hélas ! C'est parce qu'ils ne connaissent pas vraiment Dieu. Et un chrétien qui est frappé par la magie, c'est parce qu'il n'est pas caché en Jésus, mais en donne l'apparence (Col 3.3).

Les hommes pré-cités étaient de même nature que nous. De ce fait, si nous faisons la volonté de Dieu l'ennemi fuira devant nous en tant que chrétiens. Car si nous vivons ce n'est plus nous qui vivons, mais c'est Christ qui vit en nous (Ga 2.20). Les ténèbres n'auront pas de pouvoir sur nous.

Questions

1- La mort vous fait penser à quoi ?

R--

2- De laquelle des deux « morts » devriez avoir peur ?

R--

3- Est-ce que tous ceux qui vont rester vivant pendant la venue de Jésus seront sauvés ?

R--

4- Quelle est votre attente après votre mort ?

R--

5- Êtes-vous un chrétien ou un magicien ?

R--

6- Si vous êtes chrétiens est-ce que vous ne pratiquez pas de la magie sans vous en rendre compte, en utilisant de l'encens, des bougies, des symboles etc ?

R--

7- Quel va être votre comportement face à la magie en tant que chrétien ?

R--

9

LE MARIAGE ET LE DIVORCE

L e mariage est une institution créée par Dieu lui-même dans le jardin d'Éden. Toute institution est régie par des règlements donnés par celui qui l'a créée, non pas par celui qui va en faire partie.

Par exemple, dans une école, ce ne sont les élèves qui dictent les règlements, mais c'est le staff de la direction. On a tendance, nous les humains à dévier tout ce que le Maître de l'univers nous dit de faire. Et à chaque fois que nous agissons ainsi, nous en subissons toujours les conséquences.

Le mariage tel que Dieu l'avait imaginé et institué est totalement méprisé. Les gens ne connaissent pas les bases du mariage. Ils ne savent pas pourquoi Dieu a trouvé bon de l'instituer, cette union très importante entre un homme et une femme.

Dieu a donné le mariage à l'humanité et il s'attend à ce que son Église se tienne dans la vérité, soutienne les valeurs du mariage et se batte pour que le mariage reste ce qu'il est, selon l'idéal divin.

C'est pourquoi l'apôtre Paul nous dit : « Que le mariage soit honoré de tous, et le lit conjugal exempt de toute souillure, car Dieu jugera les impudiques et les adultères » (He 13.4).

Ce qui est très intéressant, c'est que Dieu ne laisse rien au hasard, il donne des explications à ceux qui veulent le suivre (Am 3.7), c'est-à-dire, comment nous devons nous comporter face à toutes les situations de la vie.

Le mariage c'est l'union d'un homme et d'une femme qui se donne l'un à l'autre, sans restriction et d'un commun accord, pour constituer une unité complémentaire.

Il faut également savoir que le mariage n'est pas seulement une convention sociale, un simple arrangement qui permet de vivre ensemble, un pacte. Mais aussi, une institution par laquelle la terre devait se remplir au fur et à mesure.

<u>Les conditions à remplir pour se marier :</u> <u>Maîtrise de soi, stabilité, indépendance, sérieux, responsabilité, méthode ou diplomatie, endurance, expérience, objectivité, prise de décisions, priorités.</u>

Beaucoup de gens veulent se marier, beaucoup ne veulent le faire, mais voulant à tout prix, bénéficier des œuvres ou des bienfaits du mariage.

Ceux qui veulent se marier, et qui n'ont pas pris le temps de bien connaître les informations primaires du mariage, auront beaucoup de problèmes. C'est la raison pour laquelle, on peut rencontrer deux personnes mariées un dimanche, et divorcées le mercredi, trois jours après la lune de miel. Ce qui est triste. Hélas !

De ce fait, on rencontre des gens qui prennent ces personnes comme exemple, mais sans jamais aller à la base pour savoir ce qui s'est passé, ce qui a causé cette séparation, pour pouvoir éviter de commettre ses mêmes erreurs.

On rencontre des gens qui, une fois mariés, restent et demeurent ensemble toutes leurs vies, jusqu'à ce que la mort les sépare. Ils ont rencontré beaucoup de difficultés, mais ils ont pu résister aux mauvais moments, parce qu'ils ont pris le temps de fonder la base du foyer.

9.1. Origine du mariage

Après que Dieu eut fini de créer l'homme et la femme, Dieu les a unis par le lien du mariage. Car Dieu les a bénis, et il leur dit : « Soyez féconds, multipliez, remplissez la terre, et l'assujettissez… » (Ge 1.27,28). Puis Dieu dit : « C'est pourquoi l'homme quittera son père et sa mère, et s'attachera à sa femme, et ils deviendront une seule chair » (Ge 2.24).

Dieu n'a pas laissé passer de temps entre l'homme et la femme avant de pouvoir les unir. L'homme n'a pas connu sa femme avant le mariage.

Quand Adam a vu Ève, il l'a désirée jusqu'à déclarer : Voici celle qui est l'os de mes os et chair de ma chair ! Dieu est intervenu pour faire le mariage (Ge 2.23).

À remarquer que Dieu n'a pas agi ainsi pour les animaux. Pourtant tous les animaux aussi avaient leurs semblables (Ge 2.21).

Dieu savait que l'homme ne devrait pas avoir une femme sans pour autant prendre soin d'elle. Dieu plaça l'homme dans le jardin d'Éden pour le cultiver (Ge 2.15). Alors, que l'homme devrait travailler pour pourvoir aux besoins de la famille.

Il est à noter que, Adam et Ève n'étaient pas des enfants. Car après les avoir bénis, Dieu leur dit d'être féconds.

9.2. Qui peut se marier ; Adultes ou Enfants ?

Le mariage n'est pas un jeu ou du hasard, pour que beaucoup de gens viennent y participer ou du moins tenter leur chance. Avant de se marier, il y a une série de questions auxquelles on doit répondre.

Adulte : C'est un individu biologiquement stable qui, ayant acquis sa maturité sexuelle, est susceptible de reproduire. Il se fait sur trois plans : Le plan physique, le plan émotionnel et le plan intellectuel.

Pour être considéré comme adulte, l'autonomie acquise doit recouvrir plusieurs champs : Physiologique (fonctionnelle, corporelle) ; financier (subvenir à ses besoins) ; de pensée (prise de position personnelle, distinguer l'essentiel de l'accessoire, maîtrise et jugement, prévoir les conséquences de ses actes) et morale (distinction du bien et du mal, hiérarchisation de ses propres valeurs, honorer ses engagements).

Le mot adulte est utilisé en analyse transactionnelle dans les états de moi : Il désigne un ensemble de comportements.

Enfant est pour la biologie, un être humain (mâle ou femelle), en cours de développement, physique et psychique. La période de l'enfance commence, soit à la naissance, soit à l'âge de la parole si on exclut la prime enfance, et elle se termine, soit à l'adolescence, soit à l'âge adulte.

L'enfant est dépendant de son environnement, ses parents, sa culture, l'époque à laquelle il est né.

Comme vous venez de voir la définition de chacun de ces deux (2) mots, toutefois ce n'est pas l'âge qui fait de vous une personne mature, mais vous devez être responsable. Or un enfant responsable n'est pour autant un adulte pour contracter mariage.

Adam avait tout et tout à sa disposition, et il avait la capacité de travailler dans le jardin. Un enfant n'a pas de métier. Un enfant est dépendant. Comment une personne qui dépend de ses parents pourrait avoir une autre personne sur sa responsabilité ?

Comment un enfant pourrait-il élever un autre enfant ? En se mariant, on devrait être féconds afin de multiplier la terre selon l'ordre de Dieu. C'est de la pédophilie, or la pédophilie est une attirance ou une préférence sexuelle d'un adulte envers les enfants prépubères ou en début de puberté. On les surnomme pédophiles celui ou celle qui éprouve ce type d'attirance.

Dans ce cas, pas de mariage entre un adulte et un enfant. C'est de la pédophilie.

9.3. Deux hommes peuvent-ils se marier ?

De nos jours tout le monde veut se marier, ce qui est normal. Mais tout le monde ne veut pas respecter les principes établis. Ce que j'aime dans la Bible, c'est qu'il est un livre d'équilibre.

Dieu ne nous laisse pas comme des indigents, c'est un Père responsable et respectueux. Pour cela, il a établi tous les principes que nous devons mettre en pratique. Et si nous respectons ces principes nous vivrons, dans le cas contraire nous mourrons (De 11.26).

Homme : Un individu male et adulte de l'espèce humaine. Par distinction, l'homme prépubère est appelé un garçon.

<u>**Il est dit clairement dans le livre de Lévitique** : « **Tu ne coucheras point avec un homme comme on couche avec une femme. C'est une abomination (Le 18.22). Le sort sera la peine de mort »** (Le 20.13).</u>

Si on ne peut pas coucher avec un homme comme on couche avec une femme. Que signifie le mariage de deux hommes ? Il ajoute : C'est une abomination. Si c'est une abomination, pourquoi même les hommes qui se disent chrétiens, veulent se marier ? Qui pis est, ils trouvent des gens qui se disent pasteurs pour les unir. Hélas ! Ce sont des gens qui sont condamnés à mourir. On ne peut pas légaliser une chose pareille.

Ce qui m'intrigue le plus, dans les temps passés, les gens qui pratiquaient l'homosexualité, le faisaient en cachette. Aujourd'hui, ils sont partout. Et ce qui est pire, on retrouve des soi-disant pasteurs qui sont comme cela. Ils ne se contentent pas de coucher avec plusieurs filles, tout en commettant l'adultère. Ils se sont livrés à des choses contre nature.

Ces soi-disant pasteurs sont tous aveugles, sans intelligence. Ce sont des bergers qui ne savent rien : Tous suivent leur propre voie, chacun selon son intérêt, jusqu'au dernier. Ce sont des chiens voraces, insatiables (Es 56.10,11).

Cependant, il y a une bonne nouvelle pour ceux qui se trouvent dans ces situations. La volonté de Dieu n'est pas que le méchant meure, c'est qu'il change de conduite et qu'il vive. Revenez de vos mauvaises voies... (Ez 33.11). Car tous les péchés qu'il a commis seront oubliés ; s'il pratique la droiture et la justice, il vivra (Ez 33.16).

Si c'est votre cas, il n'est pas trop trad. Il suffit de prendre conscience de votre situation. Car la parole de Dieu est vivante et efficace, plus tranchant qu'une épée quelconque à deux tranchants, pénétrante jusqu'à partager âme et esprit, jointures et moelles ; elle juge les sentiments et les pensées du cœur (He 4.12). Retournez à Dieu, qui aura pitié de vous, votre Dieu ne lasse pas de vous pardonner (Es 55.7).

Nous pouvons conclure : Pas de mariage entre deux hommes. C'est une abomination.

9.4. Deux femmes peuvent-elles se marier ?

Le mot homosexualité désigne le mariage ou relation intime entre des personnes de même sexe. Ou c'est la relation entre des hommes ou des femmes qui éprouvent une attirance sexuelle envers des personnes du même sexe.

L'homosexualité est une abomination selon Dieu. Mais, aujourd'hui, elle n'est plus une perversion. Elle est synonyme de totale liberté dans le monde.

Femme : L'être plus spécifiquement d'âge adulte qui dans l'espèce humaine appartient au sexe ou au genre féminin, par opposition à un homme. Avant la puberté au stade infantile elle porte le nom de fille.

Comme les hommes, les femmes aussi veulent se marier entre elles. Elles veulent fonder une famille. Or la famille est composée du père de la mère et des enfants. Pourtant, on voit deux femmes qui veulent se marier.

Cette famille sera composée de femmes seulement. On ne peut pas parler de mère, parce qu'elle n'a pas le sexe masculin, le géniteur. Et l'une d'entre elles ne devra jamais tomber enceinte pour avoir un enfant au sein du foyer.

C'est pourquoi le prophète Ésaïe a bien dit : « Malheur à ceux qui appellent le mal bien, et le bien mal, qui changent les ténèbres en lumières, et la lumière en ténèbres... » (Es 5.20).

C'était la raison pour laquelle Dieu a choisi le peuple d'Israël parmi des nations païennes afin de les transmettre sa loi pour qu'elles puissent en bénéficier.

Dieu nous demande de pratiquer ses préceptes, ses lois, ses ordonnances et ses commandements afin que nous vivions (De 28.1).

Dieu nous a donné l'exemple de Sodome et de Gomorrhe qui pratiquaient l'impudicité et des vices contre nature. Il les a fait subir la peine de feu éternel (Jd 1.7).

À noter que Dieu est contre la pratique de l'homosexualité, tout comme il est clairement contre le mensonge, l'orgueil, la cupidité, l'adultère ou tout autre péché.

Pour cela, l'apôtre Paul nous a dit : « Ni les impudiques, ni les idolâtres, ni les adultères, ni les homosexuels, ni les infâmes, ni les voleurs, ni les cupides, ni les ivrognes, ni les outrageux, ni les ravisseurs, n'hériteront le royaume de Dieu » (1Co 6.10).

De ce fait, présenter deux femmes ou deux hommes à l'Église pour être mariés, cela devrait être possible pour leurs funérailles (Le 20.13). Mais, hélas ! Elles ne savent pas que leurs corps sont des membres du corps de Christ ? Prendrai-je donc les membres pour en faire les membres d'une prostituée ? (1Co 6.15)

Alors, dans ce cas, pas de mariage entre deux (2) femmes. C'est une abomination ou une infâme.

9.5.   Un humain et un animal peuvent-ils se marier ?

Beaucoup de gens n'ont jamais imaginé pourquoi les gens viennent avec ce genre de relation : Humain et animal. Ce sont des gens intelligents. Il nous est dit à l'école que nous faisons partie de la race animale. Non de la race de Dieu (Ac 17.29).

Il y a un vieux dicton qui dit : « Qui se ressemble s'assemble ». Si nous sommes de la même espèce, c'est normal pour Darwin, et à tous ceux qui croient dans la théorie de l'évolution. Hélas !

Voyons la définition de chacun de ces deux noms, afin de voir s'il y a rapprochement entre eux, pour voir si on peut réellement les unir.

Humain : Un être vivant membre de l'espèce humaine. Il se différencie des autres espèces par son mode de déplacement bipède, son langage articulé, ses mains préhensiles et son intelligence développé.

Animal : Un être vivant, doué de la faculté de sentir et de mouvoir tout ou une partie de son corps. Membre de l'espèce animale.

L'immoralité est à son comble. Le mariage humain-animal est une évidence, une conséquence de la légalisation de l'homosexualité, du mariage des homosexuels, de ce qu'on appelle **mariage pour tous**.

C'est vraiment grave et lamentable de dire que l'homme qui est rationnel ou doué de raison est tombé moralement bas à ce point ! C'est tout simplement bouleversant ! Quel visage aura notre monde dans les décennies qui viennent ?

Dans le temps, on considérait ces gens de personnes comme des malades mentaux. Aujourd'hui, ce sont ces gens qui font la loi. Ils sont partout et même au sein de l'Église. C'est un monde à l'envers.

Que dit la Bible à ce sujet ? Notre Maître ne nous a pas laissés comme des indigents. Au moment de la création : Dieu créa tous les animaux vivants selon leur espèce (Ge 1.24). Puis Dieu dit : « Faisons l'homme à notre image, selon notre ressemblance » (Ge 1.26). C'est-à- dire, selon l'espèce de Dieu.

Et ce qui était intéressant, après que l'homme eut fini de donner des noms aux animaux, il n'en trouva aucun de son espèce. C'est alors que Dieu fit tomber l'homme dans un profond sommeil ; il prit une de ses côtes. Et il forma la femme, puis il l'amena vers l'homme. Et c'est à ce moment que l'homme exclama : Voici cette fois celle qui est de mon espèce (Ge 2.19-23).

On peut prendre comme exemple : Cochon et truie (même espèce) ; bœuf et vache (même espèce) ; chien et chienne (même espèce) ; chat et chatte (même espèce) ; coq et poule (même espèce) ; bouc et chèvre (même espèce) ; mouton et brebis (même espèce) ; cheval et jument (même espèce) ; âne et ânesse (même espèce) ; … ; homme et femme (même espèce).

Si l'homme devrait s'unir à un animal quelconque, Dieu n'aurait pas besoin de faire une opération à l'homme afin de lui donner une aide semblable à lui (Ge 2.21).

Donc, voilà ce qui est réservé à un homme ou à une femme qui veut coucher avec un animal ou une bête, d'après notre Dieu, celui qui nous a créés (Ge 1.27) :

1- Si un homme couche avec une bête, il sera puni de mort ; et vous tuerez la bête (Le 20.15).

2- Si une femme s'approche d'une bête, pour se prostituer à elle, tu tueras la femme et la bête ; elles seront mises à mort : Leur sang retombera sur elles (Le 20.16). C'est une confusion (Le 19.23).

Il y a des chapitres que l'homme a déjà lus et passés en revue dans le livre de l'ennemi. Et même l'ennemi n'arrive pas à croire que l'homme y était déjà. On dirait que l'homme veut se moquer de Dieu.

Pourtant, on ne se moque pas de Dieu. Ce qu'un homme a semé, il le moissonnera (Ga 6.7). Ces personnes et ces bêtes-là devraient être mises à mort. Mais ils font la une de l'actualité. Ils sont célèbres !!!

Quand l'homme commet un péché mortel, il chasse Dieu de son âme. Il dit à Dieu : « Retire-toi de nous ; nous ne voulons pas connaître tes voies » (Job 21.14). Mais que fait Dieu ? Il se place à la porte de cet homme ingrat : Je me tiens à la porte et je frappe (Ap 3.20). Il prie l'âme de l'ouvrir (Ca 5.2).

Malgré ce genre de comportement, étant donné que vous êtes encore vivants, vous avez une chance de vivre une vie normale. Car Dieu ne veut pas que vous mourriez dans vos péchés. Ce qu'il veut, c'est que vous changiez de conduite et que vous viviez. Dieu tient à ce que vous revenez de votre mauvaise voie (Ez 33.11).

Dans ce cas, pas de mariage entre humain et animal. C'est une confusion.

9.6. Un homme et une femme peuvent-ils se marier ?

Le mariage est l'union entre un homme et une femme qui, sur la base d'un attachement mutuel, ont décidé de s'unir pour la suite de leur vie et ce, publiquement et légalement. Cette union change alors leur statut personnel de célibataire à marié(e) et devient la base d'un nouveau noyau appelé une famille.

La Bible nous dit premièrement que le mariage est d'origine divine et non humaine. De ce fait, c'est à Dieu de nous donner les directives. Dans le livre de la

Genèse, nous voyons Dieu instituer le mariage dès l'origine de l'homme sur la terre (Ge 1.27).

Dieu créa l'homme à partir de la poussière de la terre et la femme à partir de l'homme, qui reconnut en elle sa semblable ou son espèce. Dieu lui-même amena la femme vers l'homme et il déclara, alors qu'il n'existait ni père ni mère à ce moment de l'humanité : « C'est pourquoi l'homme quittera son père et sa mère, et s'attachera à sa femme, et ils deviendront une seule chair » (Ge 2.24).

Et Dieu les bénit, en disant : « Soyez féconds, multipliez, remplissez la terre, et l'assujettissez » (Ge 1.28).

Voilà comment et où le mariage fut institué dans l'histoire de l'humanité.

Pour prouver la véracité de cette déclaration, après que l'homme ait choisi de désobéir à la voix de Dieu, écoutez comment Dieu lui-même a appelé Adam et Ève en prononçant leurs sentences. Dieu dit à la femme (Ève) : « Tes désirs se porteront vers ton mari ». Et il dit à l'homme : « Adam puisque tu as écouté la voix de ta femme… » (Ge 3.16,17). De ce fait, ils étaient bel et bien mariés.

Le mariage est l'union d'un homme et d'une femme et non l'union de deux femmes ou de deux hommes ou toute autre union telle que : Humain animal, le mariage à trois, les échanges de couple, l'infidélité...

Le mariage est la relation prévue par Dieu pour l'épanouissement et le bonheur d'un homme et d'une femme qui sont attachés l'un à l'autre et qui désirent se faire **UN** physiquement en toute intimité.

Le mariage est aussi le noyau de base prévu par Dieu pour toute famille. C'est pourquoi l'apôtre Paul nous dit : « Je fléchis les genoux devant le Père, duquel tire son nom toute famille dans les cieux et sur la terre » (Ep 3.14,15).

L'apôtre Paul ajoute pour dire : « Toutefois, pour éviter l'impudicité, que chacun ait sa femme, et que chaque femme ait son mari » (1Co 7.2). Si vous deviez avoir plusieurs femmes ou plusieurs maris. Ces deux noms seraient au pluriel.

Le psalmiste David nous pose une question en disant : « Quand les fondements de la terre sont renversés, le juste, que ferait-il » ? (Ps 11.3) Et lui-même nous a donné la réponse en disant : « Il continue à marcher selon ce qui est juste aux yeux de Dieu qui honorera cela » (Ps 11.7).

De même, quand notre génération renverse les fondements du mariage, le juste que ferait-il ? Il continue d'honorer le mariage et d'encourager autrui à l'honorer !

De ce fait, que le mariage soit honoré de tous, et le lit conjugal exempt de toute souillure, car Dieu jugera les impudiques et les adultères (He 13.4)

Dans ce cas, il y a mariage entre un homme et une femme.

9.7. Est-ce que le divorce fait partie du plan de Dieu ?

Le divorce est la rupture officielle d'un mariage civil ou religieux liant précédemment deux personnes. En droit, il se distingue de la **séparation de fait,** sans conséquence juridique, et de la **séparation de corps** qui est reconnue juridiquement mais qui laisse subsister le mariage. À ne pas le confondre avec l'annulation du mariage qui consiste à déclarer que cela n'a jamais eu lieu.

Le mariage ayant une dimension sacrée dans la plupart des religions, la rupture de ce lien (le divorce) est une question dont les religions se préoccupent fortement.

Par ailleurs, dans la plupart des religions, la non-consommation du mariage est une cause d'annulation. **La consommation du mariage se définit comme le rapport sexuel entre les époux « avec l'intention de procréer ».**

Pour le Judaïsme : Il admet la séparation à condition que les deux époux y aient consenti. Le divorce par consentement mutuel.

Pour le Catholique : Il considère le mariage religieux comme un sacrément que les époux se conforment mutuellement. Le sacrément de mariage est donc indissoluble. **Sauf si le mariage n'est pas consommé**, il peut-être reconnu comme étant nul.

Pour l'Islam : Les hommes comme les femmes ont la possibilité de divorcer. Car le mariage n'est pas plus que le divorce vu comme la rupture d'un sacrément

Pour les Protestants de théologie libérale : Ils acceptent de bénir une nouvelle union. De ce fait, ils acceptent le divorce. Parce que le mariage n'est pas un sacrément (ce qui est le cas dans les Églises catholiques et orthodoxes), mais une bénédiction. Car une bénédiction n'a pas de force en soi et la notion d'indissolubilité n'est pas présenté de la même manière qu'elle l'est pour un sacrément.

Que dit le Créateur de cette institution ? Sans nul doute, il ne nous laisse pas errer dans nos décisions. Ce qui est intéressant, quand on est chrétien, on n'agit pas comme on veut, mais comme Jésus le veut. C'est-ce qui nous différencie des autres religieux. Nous suivons l'exemple du maître.

Jésus lui-même a dit : « Que personne donc ne sépare pas ce que Dieu a uni » (Mc 10.9). Une fois mariés l'homme et la femme deviennent une seule chair. Ils ne sont plus deux (Mc 10.8).

Jésus continue pour dire : « Celui qui répudie sa femme et qui en épouse une autre, commet un adultère à son égard ; et si une femme quitte son mari et en épouse un autre, elle commet un adultère » (Mc 10.11, 12).

Cependant, Jésus ajoute : « Sauf pour cause d'infidélité » (Mt 5.32). Dans ce cas, vous ne devez **jamais vous remarier**, sauf si l'homme ou la femme serait décédé (Ro 7.1-3). Dans le cas contraire vous commettez l'adultère. Ne vous y trompez pas : Ni les impudiques, ni les adultères n'hériteront le royaume de Dieu (1Co 6.10).

Car Dieu est un Dieu jaloux et fidèle. C'est pourquoi l'apôtre Paul nous dit : « Maris, aimez votre femme, comme Christ a aimé l'Église et s'est livré lui-même pour elle » (Ep 5.25).

Que deviendraient les chrétiens si Dieu les a répudiés ? Malgré nos fautes, nos péchés, nos iniquités, Dieu prouve son amour envers nous, en ce que, lorsque nous étions encore des pécheurs, Christ est mort pour nous sauver (Ro 5.8).

Jésus veut que nous apprenions à nous pardonner réciproquement, comme il a toujours fait pour nous. Quand le pardon ne fait pas partie de nos vies, nos cœurs deviendront des rochers. En ce sens, Jésus a dit aux pharisiens : « C'est à cause de la dureté de vos cœurs que Moïse vous a donné ce précepte. Mais au commencement de la création, il n'était pas ainsi » (Mc 10.5,6).

À remarquer que le divorce n'est pas une loi ou un commandement de Dieu, mais un précepte. Car la loi ou les commandements de Dieu ne changent pas, mais les préceptes peuvent-être changés ou éliminés. C'est-à-dire, si nous faisons place au Saint-Esprit dans nos vies, la haine sera bannie. Donc le divorce sera éliminé, et ce précepte n'aura pas de place parmi le peuple de Dieu.

Et c'est pourquoi Dieu a révélé au prophète Malachie son intention concernant le divorce : Dieu hait la répudiation, dit l'Éternel, le Dieu d'Israël (Mal 2.16). Si Dieu hait la répudiation pourquoi ceux qui veulent suivre Dieu aiment la répudiation ? Parce que, ce sont des crétins. Hélas !

Enfin l'apôtre Paul continue pour dire : « À ceux qui sont mariés, j'ordonne, non pas moi, mais le Seigneur (Dieu), que la femme ne se sépare point de son mari. Si elle est séparée, qu'elle demeure sans se marier ou qu'elle se réconcilie avec son mari, et que le mari ne répudie point sa femme » (1Co 7.10,11).

Dans ce cas, le divorce ne fait pas partie du plan de Dieu.

Conclusion

La colère de Dieu se révèle du ciel contre toute impiété et toute injustice des hommes qui retiennent la vérité captive (Ro 1.18). En effet, les perfections invincibles de Dieu, sa puissance éternelle et sa divinité, se voient comme à l'œil, depuis la création du monde, quand on les considère dans ses ouvrages. Ils sont donc inexcusables (Ro 1.20).

Vous dites sans la consommation du mariage, le mariage est nul. Et la consommation est le rapport sexuel entre les époux avec l'intention de procréer. Et vous admettez le mariage entre deux hommes, deux femmes, un humain et un animal ? Quel est la possibilité de procréation dans ces genres de relation ?

Vous voulez être sages aux yeux du monde, et vous devenez fous (Ro 1.22). C'est pourquoi Dieu vous a livrés à l'impureté, selon les convoitises de vos cœurs ; en sorte que vous déshonorez vous-même vos propres corps (Ro 1.24).

Vous avez changé la vérité de Dieu en mensonge (Ro 1.25). C'est pourquoi Dieu vous a livrés à des passions infâmes : Vos femmes ont changé l'usage naturel en celui qui est contre nature, et de même les hommes, abandonnant l'usage naturel de la femme, se sont enflammés dans leurs désirs les uns pour les autres, choses infâmes, et vous recevez en vous-même le salaire que méritaient vos égarements (Ro 1.26,27).

C'est parce que vous n'êtes pas souciés de connaître Dieu qu'il vous a livrés à vos sens réprouvé, pour commettre des choses indignes (Ro 1.28).

Malheur à vous qui vous dites chrétiens ou pasteurs, vous connaissez bien le jugement de Dieu, déclarant dignes de mort ceux qui commettent de telles choses, non seulement vous les faites, mais aussi vous approuvez ceux qui les font (Ro 1.32).

Je veux que vous sachiez que, ce ne sont pas, en effet, ceux qui écoutent la loi qui sont justes devant Dieu, mais ce sont ceux qui la mettent en pratique qui seront justifiés (Ro 2.13).

Par conséquent, je vais vous donner quelques conseils pour avoir un couple qui peut résister aux difficultés de la vie, afin de faire durer l'amour, le bonheur et l'harmonie.

Pour y arriver, cela demande beaucoup d'efforts pour chacun des partenaires. Puis il faut établir des principes et des valeurs communs qui vont contribuer à la réussite du couple :

1- **Culte de famille** : La famille doit avoir toujours des moments ensemble auprès de Jésus. Toute personne qui a la crainte de Dieu est digne de confiance. Les époux affrontent avec plus de sagesse, de sérénité et de maturité les aléas de la vie.

2- **La positivité et le support mutuel** : Ensemble, ils établissent un plan d'attaque pour faire face aux situations difficiles tout en restant positifs et en se supportant mutuellement.

3- Le respect mutuel : Le respect est une valeur de base, fondamentale à la longévité d'un couple. Ce sentiment reflète la considération que chacun ressent pour l'autre. Il faut toujours s'abstenir d'utiliser des propos dégradants, de vociférer des insultes qui pourraient heurter psychologiquement l'autre personne.

4- L'amitié : Le mariage doit être fondé sur une profonde amitié. Les conjoints peuvent compter l'un sur l'autre, partager leurs appréhensions, leurs craintes, leurs rêves ; se faire part de leurs émotions sans gêne. Chacun sait ce que l'autre aime ou n'aime pas.

5- Le rire : Un couple qui rit est un couple uni ! Parler de ses faiblesses avec humour incite l'autre à vous écouter plus facilement et à vous accepter tel que vous êtes.

6- La tolérance : C'est de s'aimer, se respecter et s'accepter comme tel avec ses qualités, ses faiblesses, ses incertitudes, ses passions et ses rêves.

7- Les valeurs communes : Il est impératif que les mariés partagent les mêmes valeurs morales, intellectuelles ou spirituelles et possèdent une même vision des choses, de l'avenir et de la vie.

8- De nouvelles aventures : Il faut toujours rechercher des façons différentes de faire de nouvelles activités ensemble et de vivre de nouvelles expériences à deux.

9- Les petites attentions : Exprimez vos sentiments par des mots mais par aussi de petits gestes affectueux. Embrassez-vous souvent. Soyez attentionnés l'un envers l'autre.

10- Le sexe : Les mariés devraient partager le sentiment d'être liés, de s'appartenir corps et âme et de se sentir désirés. Le sexe reste un lien très important dans le mariage et un moment d'intimité indispensable.

Si votre famille ne met pas ces conseils en application surtout le premier, c'est une famille qui est appelée à vivre sur la terre et non dans l'éternité. Mais faisant le contraire, votre famille sera harmonieuse et heureuse, ainsi que vos vies.

Questions

1- Pourquoi l'ennemi veut-il banaliser le mariage ?

R---

2- Quel va être votre comportement face aux enfants pour   le mariage ?

R---

3- Quand vous voyez deux hommes en train de se marier cela vous faites penser à quoi ?

R---

4-   Selon vous, pourquoi deux femmes veulent-elles se marier?

R--

5- Si l'homme fait partie de la race animale, le mariage entre l'homme et l'animal devrait-il être normal, selon vous ?

R--

6- Pourquoi, selon vous, le mariage entre un homme et une femme est-il normal ?

R--

7- Est-ce que vous pouvez énumérer les conséquences dévastatrices du divorce au sein d'une famille ?

R--

10

MAUVAISE UTILISATION DE CERTAINS ET CERTAINES EXPRESSIONS AU SEIN DE L'ÉGLISE

Ce chapitre est écrit juste pour vous donner une compréhension exacte de certaines expressions qu'on utilise souvent au sein de l'Église, pourtant à chaque fois qu'on devrait employer l'un, on utilise souvent l'autre. Hélas ! Pourtant, ils ne sont pas synonymes.

On agit ainsi par manque de connaissance ou par exprès ? Désolé de vous dire cela, on agit ainsi par exprès. Le pourquoi ? C'est parce que les gens agissent avec ceux de leur rang social et font le contraire avec ceux qui ne le sont pas.

De ce fait, ils savent ce qu'ils font. Sans nul doute, vous allez dire : Je ne vais pas à l'Église, parce qu'il y a trop d'hypocrites en ce lieu, après avoir fini de lire le chapitre dix (10). Je vais vous faire une confidence. Là où vous travaillez, il y a beaucoup plus de gens qui sont pires que ceux qui sont à l'Église. Pourtant, vous allez toujours travailler.

Je ne veux pas que ce chapitre vous mette dans l'embarras. Mais, qu'il vous aide à agir envers tous les frères et toutes les sœurs de la même façon.

Nous avons tendance à nous laisser influencer le plus souvent par le mal qui nous entoure, au lieu de surmonter le mal par le bien comme l'a fait Jésus lors de son passage sur la terre (Ro 12.21). Et Jésus lui-même a dit que nous devons aimer tout le monde, non pas seulement ceux qui appartiennent aux mêmes rangs que nous (Mt 5.44-48). On est vraiment le fils de Dieu, quand on a de l'amour les uns pour les autres (Jn 13.35). Ce n'est pas parce qu'on vous appelle Innocent qui fait de vous un innocent. Les mots ne sont pas innocents.

10.1. Frère de la même famille et frère de l'Église

Le mot **frère** se définit ainsi : Celui qui est né du même père et de la même mère, ou seulement de l'un des deux. Dans ce cas, pourquoi les chrétiens s'appellent-ils frères ? Pour éviter la confusion, tout le monde a été créé par Dieu, mais tout le monde n'est pas enfant de Dieu, après le péché.

Une fois que vous acceptez de marcher avec Dieu, vous vous faites baptiser, vous devenez enfant de Dieu (Jn 1.12). À ce moment, vous faites ce qui est agréable à Dieu, comme Jésus l'a toujours fait envers Dieu, son Père.

De ce fait, on devient frère en Jésus-Christ. Tous les chrétiens ont pour Père « **Dieu** » (Ro 8.17). Dans ce cas, la relation père et fils est là. Ces deux mots ne sont pas homonymes, c'est le même mot, pourtant, on l'utilise de façon différente.

Il y a une différence entre les deux, c'est que l'un d'entre eux a la première lettre écrite en majuscule. Et là encore, la raison pour laquelle, elle s'écrit en majuscule, c'est parce qu'elle commence le sous-titre. Rien que cela, pourtant à l'Église, ce mot à parfois deux connotations.

Les membres qui ont beaucoup de moyens économiques considèrent ceux qui ont les mêmes moyens qu'eux comme frères, et agissent comme tels. C'est-à-dire, si l'un d'entre eux est malade, il reçoit des visites et on est prêt à faire tout ce qui est nécessaire pour venir en aide à lui.

Et, encore si l'un d'entre eux a un problème, les autres s'associent pour pouvoir résoudre ce problème dans la mesure du possible. C'est pareil pour des frères de la même famille.

Pourtant, ceux qui n'ont pas de grands moyens ou de grandes relations sociales, sont parfois considérés comme des inconnus. Si l'un d'entre eux est malade, pas de visite, pas de soutien. S'il a besoin d'un boulot, personne ne veut l'aider.

Cependant, les autres les appellent frères. Ils oublient que les premiers chrétiens, le jour de la pentecôte, étaient d'un commun accord (Ac 2.1). Il n'y avait pas ni grand ni petit, ni riche ni pauvre. Mais ceux qui ont les moyens les donnaient pour pouvoir venir en aide à ceux qui n'en ont pas (Ac 4.34,35). Et cela montrait vraiment qu'ils étaient frères, issus d'un même Père céleste.

Si les frères de la même famille agissent bien l'un envers l'autre, même si l'un est riche et l'autre est pauvre. Pourquoi les chrétiens font le contraire ?

Ce qui est inacceptable dans tout cela, même les dirigeants ont de tels comportements. Hélas ! Si nous vivions comme des frères, sans nul doute, Jésus serait déjà de retour.

L'Église est une famille, fondée par et sur Dieu. Apprenez à vivre en frères, comme Jésus lui-même nous l'a recommandé (Jn 15.17).

Si vous avez un frère consanguin, et qu'il ne travaille pas, vous allez chercher un boulot pour lui. S'il est malade vous allez lui donner votre soutien. S'il a un enfant qui ne va pas à l'école, vous allez payer l'écolage.

De même, pour le frère en Christ, vous lui devez une assistance (Ac 4.35). À l'Église on parle souvent de Ananias et de Saphira en tant que des infidèles, mais on a jamais dit que, l'argent qu'ils devaient apporter aux apôtres, c'était pour aider ceux qui étaient dans le besoin, afin qu'il n'y ait pas d'indigent parmi eux (Ac 4.34,35).

Il n'est pas trop tard, il suffit de prendre conscience mon frère, ma sœur. Dans le cas contraire, n'utilise pas le mot frère en Jésus-Christ.

10.2.   Ami et ennemi

Au sein de l'Église on n'utilise pas souvent ces deux mots, mais parfois quand on utilise le mot ami, on agit en ennemi. De même, quand on utilise le mot ennemi, on agit en ami. Vous pouvez me croire !!! Pour bien comprendre, je vais vous donner la définition de ces deux mots.

Ami : Personne avec qui on est lié d'amitié, d'affection réciproque. Ou celui ou celle qui nous aime et que nous aimons.

Ennemi : Personne qui veut du mal à quelqu'un, qui cherche à lui nuire, qui lui est hostile.

On dit ami à l'Église pendant une réunion, pour les gens qui ne sont pas de cette congrégation. D'après la définition du mot ami, c'est une personne qu'on connait et avec qui on a une relation. Il peut nous donner des conseils, on peut lui faire confiance.

Cependant, ce mot n'a pas cette définition à l'Église. C'est quelqu'un qu'on ne connait pas, ou une personne qu'on ne rencontre pas souvent. On est très prudent avec elle. Or, on l'appelle ami(e).

Pour le mot ennemi, on l'utilise en lieu et place de satan à l'Église, pour éviter de nommer ce nom bizarre. Pourtant, on fait toujours ce qu'il dit de faire.

Quand on obéit toujours à une personne sans contrainte, on ne peut pas parler « **d'ennemi** » mais plutôt « **d'ami** ». De ce fait, on appelle satan ennemi, mais on le considère comme ami. Et les gens qu'on appelle ami, on agit d'une façon bizarre avec eux. Hélas ! Si vous utilisez l'un de ces deux mots, agissez dans le vrai sens du mot.

10.3.   Chrétien ou crétin

Ces deux mots donnent beaucoup de problèmes à l'Église, beaucoup de membres ou de dirigeants ont souvent employé le mot crétin à la place de chrétien. Vous allez voir :

Un chrétien est une personne qui croit en Jésus et qui a une vie semblable avec Jésus. C'est-à-dire ayant un même mode de vie que celui-ci. Le mot chrétien a été prononcé pour la première fois à Antioche (Ac 11.26).

Les gens qui habitaient dans cette ville voyaient les disciples de Jésus vivre comme lui. Et à partir de cela, ils disaient que ces gens sont des chrétiens. Dès lors, on appelle les gens qui vivaient comme Jésus **« chrétiens »**.

Mais, ce n'est pas parce qu'ils appartenaient à une religion quelconque, ou parce qu'ils faisaient des dons à l'Église. Beaucoup de gens veulent être appelés chrétiens, mais ne voulant pas vivre comme Jésus lui-même a vécu. C'est-ce qui est triste dans tout cela.

Si vous voulez être chrétiens, vous devez marcher comme Jésus lui-même a marché lorsqu'il était sur la terre, et faire tout ce qu'il vous a dit de faire (1Jn 2.6). **Le mot chrétien n'est pas un nom propre, mais de préférence un mode de vie.**

Un crétin est celui qui ne respecte pas les règles, il fait les choses à sa manière, comme Balaam. Que ce soit bien ou mal. Il n'écoute personne que sa propre personne, ou du moins la mauvaise personne.

Après la définition de ces deux mots, je vais vous expliquer comment les membres d'Église les utilisent : On rencontre des gens qui se disent être chrétiens, mais ils font tout le temps le contraire de ce que dicte le Maître. Ils ne respectent pas les règles, ils vivent n'importe comment. Enfin, ils font comme bon leur semble, et ils aiment dire : « **Je suis un chrétien** ».

D'après vous, une personne qui a un tel comportement est un chrétien ou un crétin ? Dès fois, leur bouche les trompe disant je suis un **crétin**, en lieu et place de chrétien.

Évitez de dire que vous êtes un chrétien si vous ne faites pas ce que dicte le maître Jésus. On va vous prendre pour un crétin. Car seuls les crétins agissent ainsi.

10.4.   De nouveau et à nouveau

Chacune de ces expressions a sa propre signification. Mais, on utilise l'une à la place de l'autre.

De nouveau s'emploie pour exprimer : De la même façon. Par exemple, un groupe vient de chanter un cantique, si **ce même groupe** va devoir chanter encore on emploie de nouveau.

Prenons par exemple, l'Éternel appela Samuel, mais Samuel ne savait pas si c'était l'Éternel. Car Samuel ne connaissait pas encore l'Éternel, il courut vers Éli… (1S 3.4,5).

L'Éternel appela **de nouveau** Samuel. Et Samuel se leva, et alla avers Éli… (1S 3. 6,7).

L'Éternel appela **de nouveau** Samuel pour une troisième fois. Et Samuel se leva, alla avers Éli... (1S 3.8).

À nouveau est employé pour exprimer : D'une nouvelle façon. Par exemple, dans un concert on vient d'écouter un groupe de chant nommé **X**, quand c'est le tour d'un autre groupe nommé **Y** pour exécuter un chant on utilise à nouveau. Certes, on va écouter un chant, mais **d'un autre groupe.**

Ces deux expressions sont utilisées dans la Sainte Bible. À partir de ce moment, chaque fois que vous retrouverez l'une d'entre elles, réfléchissez bien pour pouvoir bien comprendre ce que voulait dire l'auteur. Les mots mal compris et mal interprétés pourraient causer beaucoup de problèmes aux lecteurs.

10.5. Disciple et croyant
Beaucoup utilisent ces deux mots, sans pour autant tenir compte de leurs vraies significations.

Un disciple est celui qui suit un enseignement d'un maître. Dans ce cas, un disciple est un élève appliqué. Pour être disciple de Jésus on doit avoir comme caractéristique :

1- Être totalement dépendant de Dieu (Mt 22.37; Lu 14.26).

2- Aimer son prochain comme soi-même (Mt 22.39).

3- Aimer la parole de Jésus (Jn 5.39; 8.31).

4- Être humble, bannir le moi et l'orgueil (Mt 11.29; Lu 14.33).

5- Être totalement attaché avec Jésus et totalement détaché du monde (1Jn 2.15).

6- S'impliquer dans l'évangélisation (Mt 28.19,20).

7- Attendre le retour de Jésus (Jn 14.1-3).

Un croyant c'est celui qui croit ce que sa religion enseigne. Les caractéristiques d'un croyant.

1- Il sait que Dieu existe, mais il ne fait pas sa volonté.

2- C'est le moi qui domine.

3- Il est orgueilleux, il croit en sa force personnelle.

4- Il est attaché à des forces surnaturelles, sauf Jésus.

5- Son dieu peut-être n'importe qui ou quoi.

6- Il aime faire d'autre croyant.

7- Il n'attend pas le retour de Jésus.

À l'Église, on ne peut pas être un croyant, parce que **les démons** aussi sont des croyants, ils savent que Dieu existe, mais ils ne font pas sa volonté (Ja 2.19).

On doit être un disciple à l'Église, non pas un disciple d'un pasteur, ou d'un ancien, ou de qui que ce soit, mais un disciple de Jésus. À l'Église c'est Jésus et Jésus seul qui est le maître, et il nous dit comment nous devons nous conduire tout en gardant sa parole (Jn 14.23). À partir de là, nous porterons beaucoup de fruits, et nous serons ses disciples (Jn 15.8).

10.6. Leader et dirigeant

Beaucoup de gens pensent parce qu'ils ont 5 ans, ou 10 ans à l'Église, cela leur donne le droit de diriger une assemblée. C'est la raison pour laquelle on a beaucoup de problèmes à l'Église.

Vous pouvez être un dirigeant sans pour autant être un leader. Et c'est la mauvaise idée. Pour pouvoir diriger bien l'Église de Dieu, il faut que vous soyez un leader. Je vais vous donner la définition de chacun des mots afin que vous puissiez comprendre.

Leader : Personne qui est à la tête d'un parti politique, d'un mouvement, d'un syndicat, d'une Église. Il a la forte influence. Il envisage la réussite, le bien-être, et le progrès, d'une manière délibérément positive.

Dirigeant : Personne qui détient le pouvoir formel dans une organisation.

Le problème qui se pose, c'est qu'un leader est un bon dirigeant, mais un dirigeant n'est pas forcément un leader. Quand on vous donne un ministère à diriger, automatiquement vous devenez un dirigeant. C'est la façon de faire qui va vous dire que vous êtes un leader ou pas.

Le dirigeant pense toujours à son égo. Mais le leader pense toujours à son équipe.

Le leader écoute tout le monde sans pour autant faire tout ce que le monde lui dicte. Mais le dirigeant a toujours tendance à écouter sa propre personne.

Le leader peut ne pas être sur place, et toute marche bien. Mais en absence du dirigeant rien ne fonctionne.

Le leader a confiance en lui et met tout le monde qui est avec lui en confiance. Mais Le dirigeant a confiance en lui-même et néglige la confiance des autres.

Le dirigeant baisse les bras face aux problèmes, et cherche toujours une personne à accuser. Mais le leader baisse les bras face aux problèmes, afin de pouvoir les renverser. Puis il rassure tout le monde.

Le dirigeant n'aime pas quand les dirigés prennent promotion, de peur que demain qu'ils ne le remplacent pas. Mais le leader prépare des gens de son équipe, afin que demain ils puissent le remplacer.

Il y a des pasteurs et des anciens qui sont de vrais leaders et d'autres des dirigeants. On peut prendre comme exemple : **Balaam** (qui était un dirigeant) et **Moïse** (qui était un leader). À noter que le leader par excellence est **Jésus,** le divin chef. Il nous fait toujours confiance.

10.7. Raconter des histoires et présenter un sermon

Beaucoup de gens plus précisément les pasteurs et les évangélistes, ont tendance à confondre ces deux (2) mots. On leur demande de présenter un sermon, mais eux ils racontent des histoires qui n'ont pas de rapport avec leur thème.

Sermon par définition se définit ainsi : Discours chrétien qui se prononce en chaire, pour annoncer et expliquer la parole de Dieu, en d'autres termes pour instruire, et pour exciter à la pratique de la vertu ou exhorter les fidèles. On le fait comment : Publier, recommander, répandre, soit de vive voix, soit par écrit. Un sermon est un prêche, une homélie ou un discours généralement fait devant une assemblée.

Histoire : Est à la fois l'étude des faits et des évènements du passé et aussi l'ensemble de ces faits, de ces évènements.

Dans un sermon il y a forcément des histoires. Mais toutes les histoires ne sont pas des sermons. Les prédicateurs doivent utiliser la Bible. Certes, la Bible a des histoires. Cependant, le sermon ne devrait pas rester sur les évènements passés, on doit actualiser le message par rapport aux gens qui l'écoutent.

C'est bien de raconter les histoires de Jésus, de Pierre etc. Car, tout ce qui a été écrit d'avance l'a été pour notre instruction (1Co 10.11). Mais ceux qui vous écoutent doivent trouver quelques mots qui vont leur permettre de changer ou de repentir.

Vous savez pourquoi Paul n'a pas écrit une seule lettre et l'envoyer à toutes les Églises ? Parce que les messages devraient toucher les problèmes des gens qui les écoutent. Dans le cas contraire, ils deviendraient des histoires.

On ne prêche pas pour prêcher, mais on prêche parce qu'il y a quelque chose à dire pour aider les chrétiens à changer de comportement vis-à-vis du péché.

10.8. Paroles et actes

Au sein de l 'Église on a tendance à utiliser plus de paroles que de poser des actions. Or, Jésus qui est le maître ou le chef de l'Église avait utilisé la parole et venait toujours en aide à ceux qui sont dans le besoin.

De nos jours, on voit des membres d'Église qui n'utilisent que des paroles. Ou utilisent quatre-vingt-dix pour cent (90%) de paroles et commettent dix pour cent (10%) d'actions. On dirait que c'est la dîme.

La parole est la faculté de s'exprimer par le langage articulé, c'est-à-dire capacité à parler, et en particulier à bien parler.

Actes désigne un soutien, un support, ou bien une aide, une protection.

Au premier siècle quand l'Église primitive a pris naissance, les membres d'Église qui ont des moyens contribuaient pour venir en aide à ceux qui viennent de rentrer dans la grande famille de Dieu (Ac 4.34,35). Car, ils continuaient le travail que Jésus lui-même a commencé.

Partout où Jésus passait il prêchait l'évangile. Il donnait à manger à ceux qui l'écoutent. Il guérissait les maladies. Il ressuscitait les morts. Il mettait de la joie, parce qu'il venait toujours en aide aux nécessiteux.

C'est la raison pour laquelle, on a donné aux disciples de Jésus, après sa mort, le nom de chrétien parce qu'ils vivaient et agissaient comme Jésus.

C'est pourquoi l'apôtre Jean nous a dit : Petits enfants, n'aimons pas en parole et avec la langue, mais en actions et avec vérité (1Jn 3.18)

Aujourd'hui, malheureusement, on veut être nommé chrétien sans pour autant vivre comme Christ.

On veut donner toujours à ceux qui ont des moyens, afin de bénéficier quelque chose en retour. Mais à ceux qui sont pauvres, on ne fait rien pour eux. Pour cette raison, le Saint-Esprit n'habite pas en nous. On ne vit pas de commun accord.

Cette manière d'agir, nous rend très faible du point de vue spirituel, parce que nous n'aimons pas les gens vraiment, mais leurs moyens. Hélas !

10.9.   Riche et pauvre

À l'Église on retrouve deux classes : Les gens riches et les gens pauvres. Entre ces deux classes, il y a une autre qu'on appelle classe moyenne. C'est normal, parce que c'est une grande famille on retrouve toute sorte de gens. C'est comme le pays.

Quel est le problème ? C'est que l'Église fonctionne à la manière de mon pays. N'importe qui, **Bonne ou mauvaise** personne peut le diriger.

Mais l'Église de Dieu, c'est Dieu lui-même qui dirige par le biais des hommes. C'est Dieu qui dicte la façon de faire. Pourtant, les hommes ont mis Dieu de côté, Et ils dirigent à leur propre manière (Es 56.11). En effet, c'est la raison pour laquelle, on pourrait parler de membres riches et de membres pauvres à l'Église Dieu.

Riche : Celui qui a de la fortune, des biens importants.

Pauvre : Qui est peu pourvu de quelque chose.

Au sein de l'Église ce sont ceux qui ont des moyens qui dictent les façons de faire, même si c'est pas correct. Les membres qui n'ont pas de moyens sont là pour nettoyer l'Église rien que cela. Ils n'ont pas le droit de donner leurs opinions, et même s'ils arrivent à franchir cette impasse, on ne va pas donner d'importance à ce qu'ils disent. Ils parlent, rien que pour parler.

Si nous voulons que le Saint-Esprit habite parmi nous, nous devons briser cette barrière au sein de l'Église de Dieu, quand un membre a beaucoup de moyens, il devrait être content parce qu'il a les moyens pour venir en aide à ceux qui sont dans le besoin, n'ont pas pour l'humilier (Es 58.7). Mais pour lui faire sentir que Dieu est là. Car, il m'a donné de quoi afin de vous aider. Oui notre mission en tant que chrétien, c'est de nous aimer l'un l'autre (1Jn 4.11). Non pas de minimiser l'autre.

10.10.   L'Église et le carnaval

Le mot **Église** se définit ainsi : C'est le rassemblement de tous les baptisés affirmant leur foi en Jésus ressuscité. C'est un temps de réjouissances sacrées.

Le mot **carnaval** se définit ainsi : C'est le rassemblement de toutes les personnes. C'est un temps de réjouissances profanes, de l'harmonie des couleurs. Toute la gamme des teintes vives défilent sous les yeux.

Ce qui est intéressant dans tout cela, les deux sont des assemblées de personnes. Cependant, l'Église est un lieu saint, et le carnaval, un lieu où l'on satisfait les désirs de la chair.

Pour aller au carnaval, on doit porter les vêtements ou habits du carnaval, des masques, du maquillage... De même, pour aller à l'Église on doit porter les costumes appropriés à l'Église, la Bible, le livre de chants...

En allant au carnaval, n'importe qui peut dire : « Il va au carnaval ». Mais, de nos jours, beaucoup de soi-disant chrétiens vont à l'Église, personne ne peut le dire. C'est triste. Hélas !

Certains chrétiens aiment tellement le carnaval, mais savent qu'ils ne peuvent pas y aller. De ce fait, ils transforment l'Église en un lieu de festivités carnavalesques.

Pour se rendre au carnaval on a besoin de déguisement comme le masque. Les chrétiens aussi portent des masques quand quelque chose ne va pas entre eux.

Les gens se maquillent pour aller au carnaval. Les chrétiens aussi le font pour aller à l'Église.

Les gens qui vont au carnaval portent des habits de toutes les couleurs. De même, les chrétiens portent des vêtements multicolores pour aller à l'Église.

Pour aller au carnaval les gens portent des habits de toutes sortes : Très courts, très serrés, décolletés, afin de montrer leur chair. Les chrétiens font la même chose pour aller à l'Église.

Ce qui est pire, c'est que les gens qui vont au carnaval aiment toujours porter des tchatchas, des chapeaux en paille, afin de montrer au monde toute la beauté du carnaval. Pourtant, les chrétiens n'aiment pas porter la Bible et le livre de chants pour aller à l'Église. Mais de préférence, leurs téléphones, en vue de montrer qu'ils en ont le dernier modèle. Hélas !

Au carnaval, les gens se dépouillent de leur être pour s'amuser avec des chants et des danses de toute sorte. À l'Église, les chrétiens ne viennent pas pour louer et psalmodier Dieu, mais pour faire des commérages, et pour montrer leurs beaux habits. Hélas!

Au carnaval les gens sont venus montrer leurs costumes. Les chrétiens viennent à l'Église non pas pour glorifier Dieu, mais pour montrer aux autres frères qu'ils sont tirés à quatre épingles.

De nos jours les gens qui se disent chrétiens aiment les choses du monde plus que le monde lui-même. On a des chrétiens qui suivent le monde à la lettre, au lieu d'être des chrétiens qui décident de suivre Jésus-Christ, pour hériter la vie éternelle. Hélas !

Conclusion

Ces sous-titres me rappellent quelque chose que Jésus a dit : « Lorsque le fils de l'homme reviendra, trouvera-t-il la foi sur la terre » ? (Lu 18.8)

L'Église de Dieu doit être une lumière pour éclairer le monde, c'est-à-dire, les gens qui sont dans les ténèbres (Mt 5.14). Malheureusement, c'est le monde qui nous envahit afin d'éteindre notre lumière. Hélas !

Questions

1- Comment vous allez traiter tous vos frères et toutes vos sœurs à l'Église ?

R---

2- Comment allez-vous comporter face aux invités ?

R---

3- Allez-vous être un chrétien ou un crétin à l'Église ?

R---

4- Est-ce que vous êtes en mesure de comprendre ces deux expressions : De nouveau et à nouveau ?

R---

5- Est-ce que vous êtes disciple de Jésus ou croyant ?

R---

6- À la tête de l'Église de Dieu, aimeriez-vous être un leader ou un dirigeant ?

R---

7- Si vous allez prendre la parole pour Dieu, vous allez être : Prédicateur ou historien ?

R--

8- À partir d'aujourd'hui, allez-vous poser des actes ou continuer à parler sans agir ?

R--

9- Quel va être votre comportement face aux pauvres de l'Église ?

R ---

10- Est-ce que vous allez faire une différence entre vous et ceux qui vont au carnaval quand vous allez à l'Église?

R--

BIBLIOGRAPHIE

La Sainte Bible/ Louis Segond

Martin Bible

Traduction libre NDT

Guide de la Bible de l'école du Sabbat

Aventist World

Qui dominera le monde de Pierre Lanarès

Les excès chrétiens de Yves C. Godiya

Review Herald 12 novembre 1895

Review Herald 15 octobre 1901

Le Nouvelliste 16 septembre 2008

Le Point 31 octobre 2017

Source, Debbie Me Daniel, Crusswalk

Église gospel Dr. S. M.

Concile de Toulouse Pape Grégoire 9 Anno. Chr.1229

Extrait de document Épiscopat numéro 1/2008 (le dimanche au risque de la vie éternelle, p5)

L'IIEDH numéro 4, janvier 2002

Petit Larousse

Revue science Speack

Revue NB

La vie et la
Gestion chrétienne

Tome I

Adorer

Louer

Prier

Obser. de la loi

Lire la Bible

Obéir

Évangéliser

Travailler

Manger

Recreer

Jean Andy DELCY
Johnny DELMAS
Ricot OSIAS

CONTACT

Auteurs

Pour plus d'informations ou pour conférence sur le sujet contacter :

Jean Andy Delcy
Tel : 561-946-5471
Email : jeanandydelcy@gmail.com

Ricot Osias
Tel : (509) 3292-5976
Email : ricotosias65@gmail.com

Johnny Delmas
Tel : (509) 4167-1420

Made in the USA
Middletown, DE
14 October 2023

40590211R00176